《蓬江名人略述》编委会 编著

蓬江名人略述

中国华侨出版社
·北京·

图书在版编目（CIP）数据

蓬江名人略述/《蓬江名人略述》编委会编著. — 北京：中国华侨出版社，2021.9
ISBN 978-7-5113-8531-4

Ⅰ.①蓬… Ⅱ.①蓬… Ⅲ.①名人—列传—江门 Ⅳ.①K820.865.3

中国版本图书馆CIP数据核字（2021）第 086248 号

● **蓬江名人略述**

编　　著 /	《蓬江名人略述》编委会
责任编辑 /	高文喆　桑梦娟
封面设计 /	胡椒书衣
经　　销 /	新华书店
开　　本 /	710 毫米 × 1000 毫米　　1/16　　印张/ 19.75　　字数/ 220 千字
印　　刷 /	北京天正元印务有限公司
版　　次 /	2021 年 9 月第 1 版　　2021 年 9 月第 1 次印刷
书　　号 /	ISBN 978-7-5113-8531-4
定　　价 /	69.80 元

中国华侨出版社　　北京市朝阳区西坝河东里77号楼底商5号　　邮编：100028
发行部：（010）64443051　　传　真：（010）64439708
网　　址 www.oveaschin.com　　E-mail: oveaschin@sina.com

如发现印装质量问题，影响阅读，请与印刷厂联系调换。

《蓬江名人略述》编委会

主　　编：梁凤琼

副　主　编：陈小平　赵一翰

执 行 主 编：蒙胜福

执行副主编：周怡敏

编　　委（以姓氏笔画排列）：

　　　　　区小健　华　夏　宋旭民　张景秋

　　　　　赵一翰　秦有朋　黄柏军　黄煜棠

　　　　　曾阳漾

　　江门市蓬江区因江门河的别名蓬江而得名。蓬江地处珠三角西南部，西江贯穿辖区。域内水网纵横，水资源丰富。

　　正是这样的地利之便，使此处逐渐形成市镇，商贾往来，千舸云集，担当起五邑地区对外交往重要窗口的角色，形成蓬江区的雏形。

　　经济的繁荣带来频繁的人员交往与文化大融合，也使这个江滨之地人文荟萃、钟灵毓秀，涌现了诸多在岭南发展过程中乃至海内外历史上具有影响力的人物。

　　下启心学、从祀孔庙的陈献章就是杰出代表，献章以降，有"一村两院士"的陈垣、陈灏珠，有梁启超同窗、开创妇孺教育先河的卢湘父，有孙中山亲密战友邓泽如，有"好共产党员"李少石……可谓多如繁星，熠熠璀璨。

　　随着时间的推移，蓬江区已发展成为现代化都市。为让新一代蓬江人知晓本地历史，熟悉本地名人，了解前辈的艰辛，体会他们的坚韧，感悟他们的梦想，从中得到人生的启迪和思想的升华，中共蓬江区委宣传部和蓬江区文联组织力量编写了这本《蓬江名人略述》。本书以先贤人物出生年份的先后进行排序，叙述简洁流畅，语言表达生动，相信会是一本传播力很强的名人通俗读本，使深藏于历史风烟的蓬江名人焕发出新的光芒，为新时代传承中华民族优秀传统文化、滋养社会主义核心价值观提供有力的抓手。

编印本书的目的同时也是为了面向未来，薪火相传，勉励后人，继续以"团结包容、务实担当、开拓进取，敢为人先"的精神，立足本土，放眼世界，为祖国的繁荣昌盛、人民的幸福安康，为实现中华民族伟大复兴的中国梦，不懈奋斗。

是为序。

《蓬江名人略述》编委会

目录

罗 贵

率众开南疆，时艰勇担当

罗贵（1086—1147），讳以达，字天爵，号琴轩，贵是读书之名，祖籍山西太原。南宋时期率南雄珠玑巷移民南迁的领头人，后来徙居新会荫底（今江门市蓬江区棠下镇良溪村），为百粤罗氏始祖。良溪村现有罗贵墓、罗氏宗祠。

　　罗贵（1086—1147），出生于南宋南雄保昌县牛田坊沙水村珠玑里一个官宦人家。其祖上为开国勋爵，世享有名无实的虚衔，考取秀才（贡生）后，无心留恋科举仕途。由于为人正直，乐善好施，处事稳重，颇受人敬重。

　　在珠三角乃至海外广府人许多姓氏既存的族谱中，多认先祖从南雄珠玑巷迁徙而来，虽然谱牒记载迁徙时间、因由不同，但是核心领头人物都是同一个人——罗贵。江门市蓬江区棠下镇良溪村，就是珠玑巷移民南迁的落脚点。

　　相传南宋年间，外患内忧，官兵欲以剿匪之名在珠玑巷屠村筑寨屯兵，人人魂飞魄散，惊恐万分。危难之际，罗贵挺身而出，借贺新春为由，召集三十六姓九十七户户主到家中畅饮。宴中他说："闻得以南方烟瘴地面，土广人稀，必有好处，大家向南而往，但遇是处江山融结，田野宽平，及无势恶把持之处，众相开辟基址，共结婚姻，朝夕相见，仍如今日之故乡也。"得知广府沿海地广人稀，既可避祸又适合生存，大家一致同意举家南迁。

　　罗贵当即书写《赴始兴县告迁徙词》："牛田坊十四图珠玑巷村贡生罗贵，居民麦秀，李福荣，黄复愈等，团为赴难，俯乞文引蚤救生灵事，贵等历祖辟住珠玑村，各分户籍，有丁应差，有田赋税，别无亏缺，外无违法向恶背良，为因天灾地劫，民不堪命，十存四五，犹

虑难周，及今奉旨颁行取土筑作寨所，严限批行，下民莫敢不遵，贵等思得近处无地堪迁徙，远闻南方烟瘴地面，土广人稀，田多山少，堪辟住址，未敢擅自迁移，今备签九十七名，历情赴大人阶下，伏乞立案批给文引，经渡关津岸陆，俾得路引迁移，有地安生，戴恩上词。绍兴元年正月初五日词上。"

大家逐个签名画押，当即一同前往府衙。获知县批准后，众人奔赴南雄府递交《赴南雄府给引词》。知府钟文达心中不忍生灵涂炭、百姓遭难，命书吏黄英茂批下允许迁徙的批词："查得贡生罗贵等居民九十七人，原系珠玑村人也。词称迁移之故，乃虑集兵之扰，非有禁过之例，准案给引，此照通行，方至止处，即传该掌官员，告下复引，毋违。"

批路引文一切都办妥后，罗贵让大家赶紧扎竹木筏，又教大家将大米磨成米浆制成米团糍、炒米饼、炒米等便于路途食用。

绍兴元年（1131）正月十六日深夜，三十六姓九十七户乘竹木筏顺浈江水漂流。南迁沿途经过同古洲、明凤岭、岩前等地，陆续出现了许多意想不到的艰难险阻。有的人因竹木筏散排落水，或因粮食不足，或因老人生病，或因产妇生孩子等，思想产生波动，不再南迁。罗贵就不厌其烦地逐户做思想工作，让大家不要忘记当初的誓言，不论多艰难都要为心中的理想目标而继续向前。

平日，大家敬重罗贵，是因为他是贡生，见过大世面，更因为他凡事都拿捏得住，成了全珠玑巷人的主心骨。他事必躬亲，什么都处理得漂漂亮亮。再大的纠纷，一旦有罗贵到场，事情解决得双方心服口服，不再留下芥蒂。在南迁途中，什么大小琐事，人们都喜欢告诉他，征得他的同意才去做，罗贵也不厌其烦地解说。后来有人提议，小事或已确定的事，可自行解决，用不着事事找他，费时失事。此后，果然省却了许多麻烦，遇小事"唔使问阿贵"这句话就这样流传开来了，早已成为广府人脍炙人口的口头语。

到了英德连江口，夜半突遇一场大暴雨，春汛山洪暴发，翻天覆地，不少竹木排被恶浪打翻。罗贵迅速组织救人。这个时候没有人不信服他、不依赖他，有他在，就有希望。洪水来得快去得也快，经过一番救人，伤亡不大。大家又同心协力砍木，重新扎排继续向南前行。

四月的一天，到了冈州辖地，这里低丘坡地多烟瘴，瑶僚杂居三五间，后进入九江境大洋湾甘竹滩，这里有一大片未开垦的浮丘滩涂。此时，正值潮汐锁定，突遇江面风浪大作，急流、险滩、乱礁、漩涡，顶托的大潮。排筏群再被急流和礁石打散，最终搁浅于泥滩，或被卷入江中，罗贵又组织救人，并带领幸存者登岸步行。这个被迫登陆的地方，移民后代称为"破排角"。次日，罗贵率众继续赶路，辗转至新会谢龚村（萌底的旧称），善良的原住民龚应达、冯天诚等不但没有驱赶，反而热情接纳他们，让他们落籍于此。罗贵与大家商议后一致应允留下，不再迁移。

四月二十六日，罗贵众人在龚应达、冯天诚等人的陪同指引下，同到冈州告案立籍。州官准案，增立新图，编立十排，罗贵为新图一甲里长，里排由麦秀等担任，约束九十七人，各辟土以种食，辟草以结庐。为了消除原住民与移民之间的隔阂，世代长住久安，罗贵主动率先迎娶原住民田氏为妻。在他的带动下，移民与原住民互通婚盟、结秦晋之好，开办私塾，筑堤造田，开基拓殖，繁衍生息。

现今珠三角乃至海外三十六姓族谱记载流徙铭："珠玑流徙，罗湛郑张，尹文苏谢，陈麦卢汤，温胡赵伍，曹欧李梁，吴冯谭蔡，阮郭廖黄，周黎何陆，高叶邓刘，九十七人，开辟烟瘴，三十六姓，永镇南方，子孙万代，为国栋梁，文经武纬，愈远愈昌。"

　　由于以罗贵为首的三十六姓九十七家的大规模迁徙成功，在短短的几十年中，来自粤北南雄的大批移民，也都先后来到就近的珠江三角洲地带，结草为庐，辟土种粮，在元代及明初这里迅速成了一片文明的沃土。以罗贵为代表的这一批移民，最终成了广府民系的主干。

　　在良溪村的罗氏大宗祠内挂有一副长联："发迹珠玑，首领冯、黄、陈、麦、陆诸姓九十七人，历险际间尝独任；开基萌底，分居广、肇、惠、韶、潮各郡万千百世，支流别派尽同源。"此联既道出了罗贵勇于担当率众南迁与大家团结拼搏的精神，又教导勉励后人牢记先辈，不忘水木之源。

（蒙胜福）

陈白沙

岭南儒学第一人

陈白沙（1428—1500），名献章，字公甫，号石斋，世称"白沙先生"。岭南首屈一指的思想家、诗人、教育家、书法家和琴学家，是广东唯一从祀孔庙的大儒。他提出著名的"学贵知疑"教育理论，强调"提出问题"之于学习与成长的重要意义，逐渐形成岭南学派。其白沙心学打破程朱理学沉闷和僵化的模式，开启明代心学先河，在宋明理学史上是一个承前启后、转变风气的关键人物。

陈白沙高祖陈判乡和弟弟陈判卿随族叔陈世兴，在南宋末年从南雄珠玑巷迁入新会县萌底（今江门市蓬江区棠下镇良溪村）。判乡后迁往外海并生下东源，东源生渭川，渭川生乐芸，乐芸生献文、献章。渭川迁往都会村（今江门市新会区会城街道都会村）。

1428 年 10 月 21 日，陈白沙出生于都会村。他的父亲陈乐芸在他出生前一个月突然病逝，终年 28 岁。他是遗腹子，母亲林氏当

陈白沙像

时 24 岁，终身守节，抚养献文、献章兄弟成人。幼年时，爷爷陈渭川携一家再迁白沙村（今江门市蓬江区白沙街道白沙社区）。陈白沙 19 岁考中秀才，20 岁中举，21 岁进京参加科考，中副榜进士，随即入国子监学习，24 岁会试下第。27 岁时前往江西临川从吴与弼学，28 岁归。29 岁始筑春阳台，闭户读书，静习十年。

十年后，陈白沙开门并重返京师国子监。国子监祭酒邢让以"和杨龟山《此日不再得》诗"为题考陈白沙。陈白沙以《和杨龟山〈此

日不再得〉韵》作答。此文名震京师，邢让惊叹"龟山不如也"。陈白沙被国子监留用实习一段时间后回到家乡。他42岁赴京再考，再次下第。此次下第的原因，传说是吏部尚书尹旻把其试卷抽走扔掉了。尹旻仰慕陈白沙的才华，欲将儿子拜陈为师，遭到拒绝，这次抽卷便是报复。

三次科考失败，陈白沙对仕途不再执着，但始终抱着"士不居官终爱国"的高尚情怀，从此在家设帐授徒，培养学生。他除要求学生树立大志、培养气节、报效国家外，更要求学贵知疑、独立思考。他以身作则，不分贵贱，有教无类，建立和谐的师生关系，启发学生的自主学习精神，既教书又育人，这些在当时是一大革新。他的弟子有名有姓的有179人，其中举人33人，中进士17人。

地方官吏对他的道德文章十分敬佩，多次向朝廷举荐。55岁时，经广东左布政司彭韶、巡抚御史朱英推荐，陈白沙再次入京。此时吏部尚书仍为尹旻，百般刁难。白沙先生遂以身体有病和侍候老母亲为由奏辞。宪

陈白沙坐像

宗皇帝被他的《乞终养疏》所感动，亲自批授其"翰林院检讨"一职，着其侍奉母亲终其天年后再赴京就职。其后，朝廷曾多次征召，均被陈白沙婉拒。

陈白沙所处时代，无论是治学还是教学，人们都固封保守，重在死记硬背，面对古人，不许超越雷池。而他的治学，则体现了敢于创新突破的开拓精神。陈白沙在艰难的逆境中兼容释道、兼收百家，开创了"江门学派"，创立了一代诗学新风、一代书学新风。

白沙心学以道为本，以自然为宗，认为天有道、地有道、人亦有道，承认"自然"的存在，遵循自然规律和法则，达到自然与人的高度一体。陈白沙充分吸收了禅学的静虑法，道学的修炼法和儒学的专一法等传统文化精髓，形成了自己的以道为本、以自然为宗，不离日常生活、生产，随处体认，通过静思，使内心达到与道、与理合一的自得之学。他的心学思想对明代早期的社会思潮是一大冲击，使明代思想文化发生了根本性的变化，对中国思想文化的发展产生了深远的影响，把程朱理学向前推进了一大步。

当时，在评论诗词方面，往往以唐宋李杜为标准，贵耳贱目，重古轻近，刻意求工，已成积习。尤其对理学家的诗更是轻蔑，认为是语录体、是禅偈，完全予以否定。而黄明同、章继光两位学者则认为，陈白沙的诗妙在突破了这一观念。陈白沙一生不求著述，唯好作诗，通过诗歌表现其哲学思想。他以诗抒情、以诗教人，形成自己独特的诗词艺术。他的性情诗、山水诗处处洋溢着诗人的思想情操。陈白沙不否定"诗工"，但认为刻意求工，反而以"工"害"道"。他主张通过读书思考，达到诗不求工而自工的境界。在他的诗里，性情是第一位的，修辞次之。他的"率性"之作充分反映了一代大儒崇尚道义、爱国爱民、向往自然、追求自得的思想情怀。其诗风对明代沉闷的台阁诗是重大的挑战和突破，以诗论道更是白沙先生的一大贡献。著名学者饶宗颐评论道："明代理学家多能诗，名高者，前有陈白沙，后有王阳明，而白沙影响尤大。"胡居仁更是称道："观公甫诗，皆雄才大略之发，高切古健，靡不有法，与天地同大。"

明代初期，由于皇帝的喜爱和馆阁文人的附和，书坛上以元代赵孟頫的书风为时尚和主流，但千人一面，不求创新发展，造成了明代早、中叶时期中国书坛的保守、固封局面。陈白沙追求"熙熙穆穆"平和气象的书法新风反而成为这些人攻击的对象，认为他的书法离开了正统之道。陈白沙少时学欧阳询、褚遂良，后临苏东坡，中年仿二王并兼得怀素。由于他身居岭南，少受朝廷书风约束，他把自己的思想情怀深深融入了前人的章法之中。陈白沙评价自己的书法，"动中求静，放而不放，留而不留，此吾所以妙乎动也"。他的书法刚健稳厚，时而浓墨、时而飞白、自然流畅、随心所欲，书如其人、人书一体，达到了人格与艺术的高度统一。

他的书法作品在当时已经很珍贵，他的恩师吴与弼的妇婿家境贫穷，来粤求得先生作品数十幅，每幅"易白金数星"；朝廷官员出使越南，越南人购先生字，每幅"易绢数匹"。尤其是他晚年的茅龙书法，形成了独特的个人风格，达到了极高的境界，所书《慈元庙碑》更被誉为"岭南第一碑"。

琴棋书画，以琴为首，岭南古琴据说自汉代始便出现，历经磨难断层，直到南宋皇室带来一批琴人琴谱，才使得岭南古琴再度兴盛一时，相传《古冈遗谱》就是当时留下的古谱。陈白沙是岭南第一位琴学家。他对该谱进行了整理，他抚过的琴至今还保留，他为琴轩写记、为琴画题款，他的琴诗至今还有十几首流传。广东省古琴研究会一致认定，岭南古琴源自陈白沙，他是岭南派的先师。

陈白沙一生自甘贫穷，抱守淡泊。他的诗中说："壤地何必广，吾其寄一席。"又写道："君子固有忧，不在贱与贫。"他母亲生日，赵县令送银数锭，他不开启，待县令离职时，原封退回。他曾用茅龙笔写下宋太祖的圣谕"尔俸尔禄，民膏民脂，下民易虐，上天难欺"，告诫弟子要清正做人做官。他在家乡办学，勤俭节约、安贫乐教，拒绝接受官府资助，避免了教育受制于人，使他的独立教育思想得到了保证。这种清正廉明的精神教育了他的弟子。他的弟子湛若水，官至三部尚书；梁储，官至吏部尚书兼内阁大学士，一度担任内阁首辅，敢于在皇帝剑下直谏，不与宦官同流合污，出使安南拒收重礼，一生为民着想；林光，历任国子监博士、襄阳府左长史。钱穆谈其弟子时评曰："出白沙之门者，多清苦自立，不以富贵为意，其高风所激远矣。"

1500年2月10日，陈白沙病逝于家乡，终年73岁。万历十三年（1585），朝廷下诏谥"文恭"，从祀孔庙，陈白沙成为岭南历史上唯一入祀孔庙的儒学思想家。

（秦有朋）

区 越

政声显，扬美名

区越（1468—1553），字文广，号西屏，新会县潮连（今属江门市蓬江区潮连街道）人。明朝贤官，入乡贤祠。任浙江嘉善知县，勤政爱民，清廉自守。后升任户部主事、员外郎，又从浙江副使升至江西左参政。居官30余年，恤民如子，清白自树。

　　区越少年师承白沙学派，从小耳闻目染，以陈白沙为榜样，以孝为道，洁身自好。区越是明弘治八年（1495）乙卯科举人，弘治十八年（1505）乙丑科进士，正德元年（1506）以进士身份任浙江嘉善县知县，有政声。在区越父亲区鉴随其赴任半载后返回家乡时，嘉善县一众乡贤及官员23人，在红亭饯别区鉴，纷纷赋诗抒怀，热情赞扬区越的孝悌和治理嘉善县的政绩。

山东省新泰县教谕嘉善县人沈璧赋诗

农务耕田士业经，是公贤嗣惠生灵。
长亭别酒频频劝，祖道高歌细细听。
故国旧游云里路，官河新设雨中汀。
到家不久看腾凤，紫诰荣封下帝廷。

嘉善县教谕徐济赋诗

冠盖纷飞到武塘，摇摇旌旆兴何长。

区越像

江淹正尔惊诗友，张翰胡为便故乡。

萝莺晓攀梅岭月，椒浆重奠曲江舡。

归家若问贤郎政，为道清声彻帝傍。

贵州参政，嘉善县籍进士王琳赋诗

令子青云享盛名，泼天德泽霈苍生。

喜看迎养来官邸，忍见治装上客程。

梅子雨晴双鹢动，楝花风暖片帆轻。

驰封恩诰知将下，归到香园早出迎。

从以上诗句中可以看出，区越在嘉善县任上治理有方，成绩显著，循良晋升户部主事的消息已传至嘉善县了。

区越一生清廉不媚上，当其在嘉善县任期满进京述职时，刘瑾把持朝政，行贿受贿之风盛行，区越则坚持不带任何贿金。有一多年好友在其行囊的茶叶中，暗藏贿金赠送给他，区越觉察后坚决拒接，并说："得丧有命，我可以为了做官故而受此金去行贿吗？"由于奉公守法，不久便升任户部主事，进而再升任户部员外郎、郎中，分管由京杭大运河从南方到京城的粮食运输。其间经其谋划的事项都能切中时弊，且针对所发生的问题，采取适当措施，杜绝不良现象的出现。

在监兑清江粮食运送至京城的过程中，沿途是相对富裕的地区，与区越共事的其他六人经常聚在一起吃喝，给当地的官员和老百姓带来了不良影响和不必要的负担。他们也邀请区越参与，区越坚决不参与，还多次劝诫同事说："每次的费用都在数千，若不是敛取，哪里来的钱财？请诸位仔细思量，念念佛经，积积阴德，不要再加害老百姓了。"自此，清江地区附近的老百姓再也没有受到惊扰，也不再用为这些官员的吃喝埋单了。大司徒邵二泉十分器重区越，称赞说："司官清廉、谨慎、勤勉，有见地，就没有比得上区郎中了。"

未几，区越又升福建建宁府知府，仅三个月，就回乡为继母守孝。但就在三个月的任上，实行了一系列遏强扶弱、减免税役的惠民措施，至离开时，"百姓挥泪拥车，至不能行"。

之后，区越补任直隶宁国府知府。由于前任守卫喜施酷刑，造成的冤狱就有30余宗。区越为审慎起见，便将旧案重新审理，然后将真实案情上报，说这些疑犯"罪疑为轻，况在不疑，脱有误，愿以身当"。这种体察民情、有担当的行为，最终把案情弄清，冤情得以平反。由于坚持公平公正审理案件，在其任上便再无冤狱发生。在一个寒夜，大雪纷飞，区越披衣而起，命狱吏释负枷者数人，狱吏意欲不从。他便说："此辈非死刑，若冻死是杀无辜也。"说完他再一次命令狱卒解开枷锁。这样，以其人仁慈爱之心，诚恳对待百姓，受到老百姓的拥戴。

区越于嘉靖八年己丑（1529）升迁浙江按察副使，在其离开宁国府时，当地的老百姓自发地为他立去思碑。当与区越同为弘治乙丑科进士、宁国府籍人士章崇把这一消息告诉区越时，他为了表示谢意赋诗一首：

宁国府同年章主政书至延誉太过使回拙作附答

守郡无能抚兆生，别来犹自念宣城。

十年已扫风尘迹，万里谁缄故旧情。

谢朓每思江练白，冯唐犹恋九峰青。

红梅采石东南路，岁晚尤多驿使行。

区越在任浙江按察副使期间，更是以洗血冤屈、惠泽万民为己任；严行"保甲法"与救济灾荒，让老百姓得以休养生息，安居乐业。

他在任江西左参政期间，分守湖东。由于鄱阳湖积匪多年，湖上过往的船只经常受到土匪惊扰，甚至杀人越货，严重影响到鄱阳湖一带老百姓的生计。区越便向兵宪献策："择委武弁之才能者，分要地，授之方略。命相机严捕，玩愒无功者，惩之。"不到一个月时间，捕获彪悍盗贼数百，肃清湖上盗匪，保一方平安。大家要为之请功，区越则认为是分内之事，婉言拒绝。

区越年近七旬致仕，一贫如洗，靠俸禄收入又仅可以维持日常生活而已，决而带领全家上下，租种广州光孝寺寺田，勤劳致富。稍有积蓄，创建庙祠，捐建广济桥，方便乡里，定族规，立家训，教育子孙。据清康熙《新会县志》风俗纪记载："家知读书尚礼仕者，以恬退为乐，竞进为耻，小民力穑畏至县，好胜者健于讼，破家不悔，富者田连阡陌，贫者地无卓锥，奢者千金立费，俭者一毛不拔。正嘉以前，仕之空囊而归者，闾里相慰劳，啧啧高之，反是则不相过。嘉隆以后，仕之归也不问人品第，问怀金多寡为重，轻相与姗笑为痴物者，必其清白无长物者也，于此见今昔风俗之高下。"

时任广东承宣布政使司左参议周鲲在《方岳太中大夫西屏区先生行状》赞誉区越："公，风神清朗，才识练达，而养之沉邃，浑然不露，于是无巨细难易，见辄迎刃释解。其爱君恤民之诚，精白自树，直欲驾轶古之名贤。与流辈甲乙，盖不屑也。其持身致家，悉准于礼。训诸子孙，祀宗祠，一以小学家礼为法。族属众至数百，公创立祖祠，定为训约，教之孝弟忠信，化洽一乡。居官三十余年，至归，囊无余积。禄入之余，仅以足供俯仰而已。"

潮连区氏族人以区越的"四知先自儆，百务始能兴"的家训为警

戒，几百年来出仕为官的族人，无不以区越为榜样，为官清廉者不计其数。尤以清康熙年间裔孙武进士区有凤，从化训导区亮佐，族人明崇祯四年辛未科进士、御史区联芳，道光年间举人区天民，同治年间进士区云汉，龙州厅知府区文治等最为出色，为官一方，造福一方。

为了表彰区越，在其去世 50 年后的明万历乙巳年（1605），广东省督学朱燮元将区越祀入乡贤祠。从明清两代的乡贤祠，到民国时期建的新会书院，都有供奉区越的牌位。

时任新会县知县王命璿亦于同一年到任，即往乡贤祠谒见赞拜，并赋诗：

俚白恭谒乡贤西屏区老先生大人

孩提处孤茕，哀慕痛所生。

继母如孟母，点凡课以成。

和顺盈闺阃，舆论勒石旌。

鸣琴扬吴越，悬思守坚贞。

正直抗逆瑾，却馈岂沽名。

迄今湖东处，月白映风清。

（区小健）

李 翔

铁尺清官

　　李翔（1479—1543），字举南，号适者，潮连北厢（今属江门市蓬江区潮连街道）人。明朝清官，性格刚直，不畏权贵，为官清廉爱民，死后入祀乡贤祠。著有《似说》《闲稿》等书。

　　李翔（1479—1543），字举南，号适者，潮连北厢（今江门市蓬江区潮连街道）人。明朝清官。

　　李翔生于官宦家庭，其父李德佑，官至明江西清吏司主事。兄弟四人，长兄李翰，字文卿，陈白沙学生，弘治五年（1492）举人，会试副榜第一名，任广东怀集及南直隶上海教谕，北京国子监学录，后升为北京山西道御史，未到任突然病死。二哥李翊，三哥李翘，均为庠生，李翔排行老四。

　　正德二年（1507），李翔中乡试第二十名举人。嘉靖二年（1523），登姚涞榜进士六十名、殿试二甲。李翔最初被任命为浙江衢州府推官，赴任之际，因母亲年老需人照顾，故仅带一随从仆人，家人均留在家中侍奉母亲。

　　李翔在浙江衢州任职三年，为官正直、爱民、清廉，凡对民众有益的事，他坚持办理，即使得罪上司也不改变。当时坐镇州府的太监作威作福，肆虐百姓。李翔竟用"铁如意"（古代用于瘙痒或玩赏的铁制器物）敲击太监于客座上，随即有了"李铁尺"的绰号。按察副使潘旦，为与衢州接壤的婺州人，其弟潘昺与衢州人郝冉因婚姻纠纷打官司，潘旦为帮助弟弟，"以谍授翔"。李翔以衢州人民利益为重，假装不懂潘旦的意思，对案子秉公处理。因此，衢州老百姓更加敬重李翔。李翔两袖清风，在任三年，仅有一破帷帐、两破箱和数卷图书，时人将其与副使朱裳、仁和县令李义壮称之为"三清"。

嘉靖八年（1529），李翔因在衢州政绩卓著，受巡按御史王演雅重视，被提升为刑部清吏司主事。因三位兄长早逝，母亲年迈无人奉养，李翔辞不就职，上疏改请南部，以便迎养。当时有人劝阻李翔，他说："近思老母，年九十四，母子南北，梦魂颠倒矣。"时任太史的湛若水知道此事后说道："瞻望南云，儿心渠渠，乞南迎养。"皇帝被李翔的孝心感动，改任其为南京礼部文选司主事。李翔于是星夜兼程，回家迎养母亲，但当其到家时，老母已经病倒。李翔在家悉心照顾母亲七日后，其母病逝。

嘉靖十三年（1534），李翔升任南京兵部职方司员外郎；嘉靖十四年（1535），补北京户部云南清吏司员外郎；嘉靖十五年（1536），升户部福建清吏司郎中。

嘉靖十六年（1537），李翔升任福建邵武府知府。李翔在邵武府兴学育才，"属县内社各立学，学凡数十区，弟子隶籍者凡几千人，文教蔚然"。虽然李翔在邵武府成绩卓然，但他性格刚直，不会迎合上级，终于得罪权贵。嘉靖十九年（1540），"有僧继圆者，罹法当死"，御史包节偏袒继圆，"改戍南丹，且檄守发遣。翔对曰：'凡僧问戍，例行原籍追解，以便他日勾稽，无就寺发遣之例。'包不悦，谓其倨傲无理。翔闻，笑曰：'吾弃此官如敝履耳！'随挂冠归"。

李翔辞官回乡后，潜心研究学问。"尝推明性理之原，多先儒所未发，学者尤尊称之。著有《似说》《闻稿》各一卷。"

嘉靖三十九年（1560），巡按御史陈大用荐李翔入祀乡贤祠，并与官至监察御史兄长李翰建牌坊于新会大新街，额名双凤联鸣。李翔兄弟在富冈西北厢建大夫祠，西北厢社坛，名龙凤社，原名双凤社，即取双凤联鸣之意。

　　李翔妻陈氏（1488—1562），初封安人，再封宜人。其夫妻合葬，墓址位于潮连镇知府山。知府山原名大湾山，因李翔官至知府，葬于此山，故后世民间称其为知府山。此墓建于明隆庆四年（1570），属二次墓葬。墓坐东北向西南，占地面积25平方米。墓前有3级拜台，墓道两侧有3对石兽，分别为石马、石貔貅、石羊，占地面积共约25平方米。墓碑砌于墓包正面，高75厘米，宽60厘米。碑文竖刻阴文正楷："赐进士第中顺大夫邵武府太守显考适者李公诰封宜人前敕封安人显妣陈氏合墓"，上款："时明隆庆四年岁次庚午仲冬吉旦"，下款："孝男李士勤泣血立石"。

（张景秋）

老骥伏枥的抗清义士

黄公辅（1576—1659），字振玺，别字春溥，新会县杜阮村（今属江门市蓬江区杜阮镇）人。明末清初著名抗清义士。曾任福建浦城知县、南京山西道监察御史，后奉旨巡按下江，亦有政绩。因疏劾太监魏忠贤，被撤职回乡。崇祯朝时被起用，担任湖广布政司参议、湖广参政，奉命征剿湘西、湘南"瑶乱"有功，受封赏。明朝灭亡后，与王兴在新会起兵抗清，后被困，宁死不屈，于清顺治十六年（1659），与王兴等自焚于新宁（今江门市台山）汶村。

　　明万历四十四年（1616），黄公辅40岁时登丙辰科进士。次年，先后任福建浦城知县、莆田县知事，薄税轻刑，很受百姓欢迎。天启二年（1622），晋升南京山西道监察御史，天启四年（1624）奉旨巡按。黄公辅为官清廉，善解民心，处事公正严明，深受百姓爱戴。

　　当时朝中宦官魏忠贤权倾朝野，奸群当道，残害忠良，满朝文武群臣敢怒不敢言。黄公辅怒不可遏，联臣上奏魏忠贤诉二十四条罪状，被魏党截获并反诬黄公辅"莫须有"罪名，遂被削官归乡。蛰居七年，他写下了不少为官处事、施展抱负及家乡叱石风景的诗词留传于世。《憨叟初登叱石岩》诗云："一派青山俨画图，山名羊石旧相呼。初平仙去谁还叱？居士今来趣更殊。地僻秦人鞭不到，岩幽黄老静传符。世途久厌浮尘恶，愿与山灵借一区。"

　　崇祯元年（1628），朱由检登基，清除了魏忠贤及其党羽。崇祯七年（1634）伏枥在乡的黄公

黄公辅塑像

辅被重新起用，任湖广布政司参议，分巡湖北，兼兵备镇守长沙。任职八年期间，他曾奉命征剿湘西、湘南"瑶乱"有功，加封荫子，升吏部御史。崇祯十六年（1643），黄公辅68岁，以疾致仕回乡。

崇祯十七年（1644），李自成农民军攻陷北京城，崇祯皇帝自缢于石景山。吴三桂又引清兵入关，占据北京，明朝半壁江山沦亡。黄公辅在乡闻讯，悲愤满胸，望北长叹，痛哭不止。他在《甲申江门看竞渡》一诗中，吟出"击楫中流谁祖逖，吠刁半夜寝毛龙"诗句，斥责那些不顾国家存亡的守将，誓效东晋名将祖逖那样，表达了收复中原的决心和抱负。

清顺治三年（1646），清兵攻陷广州，绍武帝自杀，南明桂王奔走广西，于梧州扯起"反清复明"大旗，广东各地义军纷起勤王。南海有尚书陈子壮、东莞有张家玉、顺德有陈邦彦等明朝遗臣随之揭竿而起。渴望明朝复兴的黄公辅闻讯，随即与江门水南虎贲将军王兴等明朝遗臣率众在新会起兵，联合陈子壮等义军率兵围攻广州城。但因兵力悬殊，围攻广州不下，复谋取顺德，大战于黄连江，义军溃败。王兴奔台山，子壮赴高明，邦彦入清远，家玉居增城重整义军。后清总兵李成栋叛清，归附明桂王。黄公辅获悉桂王永历建都肇庆，不顾年事已高率部辅助，先后任南明太仆寺少卿、通政司左通政、刑部左侍郎等职。

顺治七年（1650），黄公辅奉命与李元胤、马吉祥驻守三水县抗击清兵，兵败。桂王迁至云南，黄公辅与王兴将军转战新宁（即台山）汶村。顺治十一年（1654），南明安西王李定国率军入粤东进。黄公辅长孙黄确被任为监军，联合王兴队伍攻新会城不下，后李定国部撤走。黄公辅与王兴驻守新宁汶村，储备粮食，铸造器械，继续抗清。其间他曾致函延平王郑成功，相约筹组闽粤水军，并派长孙黄确向永历帝进"蜡表"禀呈联郑计划。

而后，黄公辅任兵部尚书，总督水陆义军，御赐尚方宝剑，奉命召集义军会合定西侯张名振、虎贲将军王兴所部，打算从水道配合郑军袭取南京。可惜事情败露，清平南王尚可喜派大军围攻汶村。清兵势如破竹，屯兵汶村的黄公辅率义军与清兵拼死一战。清平南王深知黄公辅英雄，差人致书促其归降。黄公辅收到招降书，丝毫不做考虑，随即疾书一封《复平南王书》。有"生为明孤臣，死为明孤臣，辅志决矣""违命之罪，无所逃矣，人生自古谁无死，留取丹心照汗青，文山（文天祥）教我矣"豪言壮语，激扬忠义、志节凛然。

至顺治十六年（1659）正月，黄公辅驻守汶村，义军弹尽粮绝，最后被清兵击败。黄公辅拒降，与王兴自焚于汶村，终年84岁，骸骨无归。次年长孙黄确殉节于广州，次子黄笃豫也为保卫永历帝战死浔州，可谓满门忠烈。

后乡人为缅怀黄公辅忠烈气节，在叱石山建黄公辅祠，并在半山北燕岩筑"明大司马黄公辅墓"及北燕岩碑记、太子亭等遗迹，并整理其遗作《北燕岩集》传世。

（黄煜棠）

黄居石

记录"迁海移界"的爱国诗人

　　黄居石（1626—1680），字慎，一字圮仙，广东新会人，初居江门水南乡（今属江门市蓬江区白沙街道），后迁江门紫坭岭梅里。明末清初爱国诗人。黄居石少喜作诗，天资聪颖，富有才情，其诗其文贴近现实生活，观察细致深刻，传颂甚广，有"江门诗人"之美誉。一生作 600 余首诗，200 余首收入《自知集》刊行于世。

明朝崇祯十七年（1644），明朝灭亡，黄居石年仅18岁，他很有民族气节，决心不出仕、不做官，隐居乡间作诗，用自己的笔墨记录民间的故事与自己的真实见闻。

黄居石的青年、中年均处于颠沛流离、无家可归的悲惨境况。康熙元年（1662），清廷颁令江、浙、闽、粤、鲁五省沿海边民全部内迁50里，史称"康熙迁海"。1664年5月，朝廷又下令再次内迁30里。"迁海移界"政策实施历时八年（1662—1669），几次迁界，涉及广东28个州县，被迁士民数百万，抛荒田地共531万余亩。而每次迁界时限仅有3天，必须"尽夷其地，空其人"，南粤大地哀鸿遍野，一片凄风苦雨。据估算，仅粤东八郡死亡人数便达数十万。

新会、江门辖区的古井、沙堆、麻园、睦州、三江、外海、潮连、荷塘、周郡、崖西、双水等沿海村镇均受到波及。这些村镇内的50万亩良田（占新会全县田亩总量的六成以上）被迫弃耕，房屋被强行拆毁，被迫离家迁徙到异地的新会百姓8000户（约占全县户数五成以上），无数农家霎时成了一无所有之贫民。迁徙之民被迫离开生长的故土，痛哭流泪，流离载道，行乞街市，饿死病死，不计其数。

黄居石与新会、江门的父老乡亲被迫徙往广东内陆肇庆，四年之间，迁徙四次，历尽流离的痛苦。也正是这四年的"迁徙之旅"令黄居石成为记录明末清初重大历史事件的伟大诗人。

在迁徙途中，他目睹百姓离乱失所、弃婴塞路、饿殍蔽道的惨状，触动了他的诗情。他创作了大量反映新会、江门执行"迁海移界"政策造成黎民百姓无家可归悲惨生活的诗词作品。

康熙十二年（1673），黄居石曾往湖北省宜城地区谋生，三年之后归家，常居住在新会。他憎恨清廷的暴政，同情人民的遭遇。他在《哀西村》诗中写道："妇子囚军营，丁壮殇道左。八口剩老身，伶仃今失所。言之不忍闻，酸风满四座。"

"迁海复界"后，他写了一首《哀江门》："江门一望堪痛哭，乱后徘徊江之曲。日中江上不见人，草自青青波自绿。忆自丙戌盗纵横，阛阓灰烬无颜色。甲辰移海尽丘圩，古庙独存新市侧。……毁瓦颓墙塌道平，四顾萧条目空极。数百年来杂沓场，惟有昏鸦啼山北。"清朝初年，文字狱盛行，写这样的诗词，容易被人告密，在当时要冒着杀头的危险，黄居石却义无反顾奋笔疾书。

他最出名的是长诗《前徙村行》：

新朝防海不防边，威令雷行刻不延。

相传徙村诏昨下，居人犹疑未必然。

已报大人巡海上，力役征徭交鞅掌。

令尹仓皇出疆迎，牛酒猪羊忙馈饷。

犹恐菲薄慢王师，计田派饷曰"公仪"。

民力竭矣胥吏饱，岂无老弱死鞭笞？

惊看村前一旗立，迫于王令催徙急。

携妻负子出门行，旷野相对嗖其泣。

孰无坟墓孰无居，故土一旦成丘圩！

黄居石　记录"迁海移界"的爱国诗人

此身播迁不自保，安望他乡复聚庐？

君不见咸阳三月火，顷刻烟尘起青琐。

不独眼前事可哀，国亡未有家不破？

吁嗟，谁绘郑侠图，流连载道天难呼。

回首昔年烟火地，青青草树暮啼乌。

黄居石诗词作品的广泛流传，终于引起清朝相关官员的关注。康熙四年（1665），广东巡抚王来任巡视广东沿海，见沿海乡村田园破败，村落十室九空，凄惨景象入目，深感震惊又同情迁民遭遇。他想方设法减轻民众苦难，多次上书朝廷，陈述"迁海移界"政策对广东百姓带来的严重伤害，不惜得罪上司和朝廷。王巡抚因同情迁民，执行上司命令不力，康熙七年被罢官还京，不久病倒，但他仍冒死写下《展界复乡疏》，最后一次上书朝廷，请求清廷展界，让广东沿海迁民回乡复业。王来任披肝沥胆之奏稿，被康熙皇帝诏许之。康熙八年正月，两广总督周有德奉旨驰禁展界，动员迁民归故里复耕，百姓如获再生。然而，王来任没有等到这个好消息，就因操劳过度病卒。

黄居石在诗坛得名，还有一件令他声名鹊起的作品，是他写过揭露大汉奸尚可喜、尚之信父子罪行的《羊城秋意》十咏。他以凝重的笔触写出尚氏父子荣枯兴衰的悲剧。清康熙十九年（1680），因为黄居石写诗讥讽尚可喜的残酷统治，终被尚可喜杀害，享年54岁。

（黄柏军）

冯了性

悬壶济世的岭南药王

冯了性（1630—1695），名嘉会，号了性。祖籍荷塘龙田村（今属江门市蓬江区荷塘镇）。广东中医传奇人物，改良了父亲创制的药酒，研发了治疗风湿骨痛、手足麻木等病症的"冯了性风湿跌打药酒"，被誉为"岭南药王"。

　　据从荷塘龙田村保存下来的《始平族谱》记载，冯了性是该族协吾祖十世孙冯国琳之继室张氏所生。其父冯国琳（1589—1675），字炳阳，粗通医道和药理，在荷塘开设药铺，挂牌行医。时间日久，行医有术，附近一带，名气渐高。凭着多年行医实践，几经研究试验，创制了一种药酒，用于医治风湿跌打等病疾，取名"万应药酒"。初为自用，赠与街坊乡民，后发现疗效确切，前来购药者渐多，遂决心扩大经营。

　　明清时期，佛山正值工商业繁盛时期。明朝万历四十三年（1615），冯炳阳将药铺迁到佛山镇正埠渡头汾宁里，搭了一个棚子出售药酒。经营药酒生意15年后，冯了性出生在佛山。

　　冯了性自幼生性好学，天资聪颖，一边读书延学，一边协助父亲经营店务。父母历来虔诚礼佛，冯了性深受影响，向往佛学，加上他深悟《黄帝内经》，

冯了性塑像

31

也对中药和配制颇感兴趣。

佛山镇河涌纵横，疍民傍水而居，水上渔猎，加上南方天气闷热、湿气重，水上人家多受风湿病痛困扰。偶然的机会，冯了性发现，父亲研制的万应药酒，虽能缓解酸痛，却无长效。这也让他沉迷其中，希望在中药配制方面，另有悬壶途径。

关于冯了性改良药酒，有个传说：据说冯了性在炎炎夏日里，挑着两坛子养生药酒回荷塘看望祖父。他昼夜不停坐货船，回到荷塘码头时，抵不住酷暑，忍不住喝了一口酒。酒重又劳累，迷迷糊糊的睡意中，他忘记盖上酒坛的盖子。此时一条蛇闻其香，顺着挑酒的藤枝往上爬，刚爬到酒桶口时，连同藤枝一并掉进酒里。冯了性醒后看到此状，将已淹死的蛇捞起，挑酒继续上路，回到祖父家。不想，祖父当天腰身摔伤了，涂药都无济于事。但看到孙儿回来，非常高兴，起来喝了送来的药酒。不知什么原因，第二天祖父伤势好转，喘气也不发硬，身体舒服多了。

听到祖父的说法，冯了性心想：难道是泡过蛇使得酒性有所改变？经验证，发现酒性并未因蛇而变，却是挑酒的藤枝起反应。于是他反复验证，确定酒是浸泡藤枝后增强了药性，而这条藤枝就是中药材丁公藤。后来，冯了性对药酒的改良配方中，有意识地加入丁公藤，许多患者使用后都有奇效。

还有另一个传说。据说冯了性抱着慈怀济世之心，决心进一步提高万应药酒的功效，以解乡民之病痛。听闻南少林有隐士高僧精通病理，为寻良方，冯了性不远万里前往。一路坎坷中，也游历了不少名山古刹，遍访各地名医，寻觅古方。冯了性怀菩提之心，想解救万千乡亲的疾苦，在南少林寺门前跪地求教，打动了古寺高僧的心。高僧最后将对刀伤、跌打、劳损、风湿骨痛均有奇效的秘方——传授给他。冯了性十分感激，还因此拜高僧为师，一度削发修行，获赐法号"了性"。

三年修行，经冯了性的潜心研究和临床观察，药酒的配方及制作工艺日臻完善。药方由 20 多种药材组成，主药丁公藤祛风除湿，舒筋活络，消肿止痛；黄精、补骨脂、菟丝子、山药、白术益精滋肾，健脾去湿；辅以麻黄、桂枝、杏仁、羌活、白芷、苍术、泽泻、蚕砂祛风解表散寒，利水祛湿，通络止痛；配以牡丹皮凉血活血行瘀；牙皂祛风除痰；香附、厚朴、木香、陈皮、小茴香、枳壳利气止痛；诸药配伍，能祛风除湿，活血散瘀，理气止痛。

冯了性回到佛山后，冯家人坚持"悬壶济世"的信念，定期对穷苦民众赠药，冯了性风湿跌打药酒很快成为妇孺皆知的良药。顺治十六年（1659），冯了性主持经营后，为感谢佛门高僧赐教，把万应药酒改名为"冯了性风湿跌打药酒"，将药坊改名为"冯了性药铺"。

适逢"康乾"盛世，佛山古镇成为珠三角的商贸中心，人口日增，以手工艺为主的产业，均接触重器、利器、沸水、烈火，压伤、劳伤、扭伤，跌伤等常有发生，为"冯了性药酒"的发展创造了一个广阔的市场环境。加上药酒确有疗效，价格低廉，很适合广大劳苦大众使用。人们纷纷传言"识就冯了性，唔识就误了命"。自此，药酒生意越做越大，扬名天下。

乾隆年间，番禺广州兴起十三行，冯了性药铺也在广州开了铺面。至道光年间，"冯了性药铺"实行医、药一体。药铺除了生产"冯了性风湿跌打药酒"外，还生产其他跌打药品。发展到鼎盛时期，产品销路日渐广阔，风行全国和海外，以华中、华北、华东、湖南、江西、四川一带最为受用，逐渐壮大门面。许多海外商人也购买，船行海上时，可以治疗风湿骨痛、手足麻木、四肢酸软、腰腿痛。冯了性风湿跌打药酒也被称为"岭南药王"，风靡一时。

冯氏家族随着药酒成名，家族人口也日渐增多，成了佛山镇的名门望族，主要聚居于隔塘大街。冯了性第十代嫡孙冯本诚曾回忆，祖屋是用青砖石脚建成的，宽敞明亮，厅堂楼阁、亭榭回廊、画栋雕梁，装饰华丽。临街有一门楼，门楼两旁以石板凿嵌一副对联：卜居凤地，启宅龙田。"凤地就是指佛山，而龙田则是冯氏的故乡荷塘龙田。后人传是冯了性所题，对联世代相传。

康熙三十四年（1695）冯了性病故于佛山，享年 65 岁。去世后安葬于故乡荷塘。在荷塘镇龙田村后郁郁葱葱的大岭山山腰上，有一座如雄鹰环抱村子的山岭，被称为冯氏后山，是冯了性和他的长子伯聪的墓冢所在地。墓地极为朴素，——简单的一块麻石碑上写着"十一世祖考了性冯公妣龚氏安人之墓康熙三十四年十二月初五立石"。墓碑左边，是其长子和其妻谭氏的墓碑，立于嘉庆十三年（1808）仲春。墓碑周围用青砖围砌起来，碑前用水泥铺就了 10 多平方米的空地，方便后人拜祭。

正宗冯了性老铺在佛山数百年，一直世代相传，抗日战争时期店铺被毁，经营一落千丈。抗战胜利后，即获生机。新中国成立后，该药酒在其后代冯翰的经营下，重新获得发展，至 1957 年参加了合营，并入佛山联合制药厂。改革开放后，在国家的扶持下，通过不断技术改造，扩大生产和改善工艺，药酒质量不断提升，生产量逐年增加。1985 年、1990 年，冯了性风湿跌打药酒两度获国家质量银质奖。

从中华人民共和国编纂的《国家药典》第一版开始，就以冯了性风湿跌打药酒为标准，将该品种收载其中。为了褒奖冯了性研制该药的成就，特别保留了用"冯了性"作为该药品的名字。目前，国内有此殊荣者不足 10 人。

2000 年，一直保留生产冯了性风湿跌打药酒的佛山市制药一厂（前身为联合制药厂）在企业改制中同时更名，恢复"冯了性药铺"老字号，重新注册"冯了性"牌商标，改为"佛山冯了性药业有限公司"。2003 年，该公司被评为"广东省食品药品放心工程示范基地"和"创新质量、诚信经营企业"。

从冯了性的父亲创制的"万应药酒"计算，该企业已有 400 多年历史；按"冯了性药铺"正式定名计算，已有 360 余年。冯了性风湿跌打药酒已于 2013 年成功申报"广东省第五批省级非物质文化遗产"，也是岭南保护名录的中药老字号。

（曾阳漾）

胡 方

德行楷模的儒学大家

胡方（1654—1727），字大灵，号信天翁，棠下金竹冈（今属江门市蓬江区棠下镇）人。人称"金竹先生"，是陈白沙之后江门重要的儒学学者。胡方人品端，学术醇，五经尽通，能诗工书。自少淡泊名利，品性耿介，从不肯接近官府、取媚权贵。

胡方12岁考童子试时，广州司理参军涂某十分赞赏他的文章，约他聚谈后，表示要让他作为卓异的人才举荐给学使。胡方端坐不答，不再见涂某。后来总督吴兴祚闻其名，派人召见他，他也故意避匿不见。

有某显宦曾带重金登门求胡方为写祝寿文章，他不肯答应。随从的官吏以权势威胁他，他也不答应。恰逢他的家人来告诉他家中粮尽，急需钱款买米，他还是不答应。他这种"富贵不能淫、贫贱不能移、威武不能屈"的高风亮节，赢得乡人爱戴。

胡方甘贫乐道，40岁后只授徒著述，绝少交游，生性纯孝，仰事父母，从不稍懈，而总觉得还有不周之处。父母偶有疾病，便忧形于色，亲侍汤药，必自己先尝然后进上。入夜必整肃衣

胡方像

37

冠，侍候床前，不敢就寝。父母死居丧，铺稻草席地卧于棺椁之旁，三年不入寝室，哀痛逾常。胡方性重友悌，父母死后，所遗田园屋产，尽数让与其弟，自己分毫不沾，只靠授徒自给。所得束脩都置放在笔砚之旁，亲族中或有生活困难的，便让宗亲自己取用，取尽为止。

胡方甘贫自守，不慕名利，乐于助人，自奉甚约。他认为饮食要习于淡薄，衣服要习于粗恶，居室器用皆从陋朴，如此则能安贫。他从不随便接受他人馈赠，有人探知他家境困窘，趁机馈赠他财物，都无一例外地遭到婉拒。但对一般农民乡人，只要做过一点好事，他都高兴与之交往。有时胡方让其家中孩子携一些杂物到市集贩卖，从来不会虚增其价，也从不出售赝品欺人，其诚朴忠厚，感人至深。

乡里子弟中偶或有做了不道德行为的人，宁愿受鞭笞，也不愿让胡方闻知，认为愧对先生。里谚云："可被他人笞，勿使胡君知；他人笞犹可，胡君愧煞我。"远近慕名之人，都以能得一见胡方，便高兴地说："胡先生教诲我了。"并以此为荣。他的弟子，无论出仕与否，即使年纪已老，还是肃然遵从他的教诲。纵使生计窘迫，也不欲出仕做官。曾有一位弟子，因父荫而得官，觉得十分羞愧，说："我未能笃行信义，使我的老师蒙羞。"胡方却告诉他："只要当官不贪钱，致力于官的职守，当官又何尝不可呢？"这位弟子后来果然没有违背他的教导。

初时，胡方世居金竹冈，该村是胡、蔡两姓人合居，田宅相连。当时胡姓中有胡某，一向横行乡里，欺压善良。蔡姓有一块田地，毗邻胡某的住宅，胡某想霸占蔡姓这块田地，便谬指这块田地是胡姓的祖尝田。蔡姓据理力争，无奈没有地契为凭，双方告到县衙。县令亲临这块田查勘，双方各执一词，难以判决。县令想到了胡方，素知他为人刚正不阿，受人敬重，便命人召见他。胡方应命前来，县令看见他绕道而至，不踏足所争之地，心里豁然明白，便把田判给蔡姓。胡某败诉迁怒于胡方，恨其祖护蔡姓而不偏帮己姓，强行开除他出族。胡方不与其计较，迁居到南海盐步。后来胡某破败，族人认为胡方刚正，力持正义，便邀请胡方还族，并在村前立碑"金竹先生邦里"，以彰其德行。道光二十二年（1842），中山籍翰林鲍俊重书"金竹先生故里"立于村口。

胡方乔居盐步时，学使惠士奇督学广东，闻胡方之名，亲自坐船到其村外，派一位姓吴的士子到其家请求一见。胡方连忙挥手说道："现在学使主持的考试尚未完事，不可见面！不可见面！"便把来人请出门去。惠士奇再次到来求见，也只索取到他的著书而已。等到惠士奇主持的考试完事，仍派姓吴的士子来求见，于是胡方亲自整肃衣冠，递上名帖，回拜惠士奇，长揖道："今天我斋戒沐浴专诚来拜谢知己，我胡方年纪老迈，不能受教做您的弟子了。"说了几句话，便起身告辞。惠士奇握其手，说道："先生虽然不肯多谈，但只请问先生乡人中有谁人善于写文章的呢？"胡方答道："现在世上并未见有善写文章的，如果一定要找，便只有明朝时的梁朝钟了。"惠士奇便求取梁及当时诸名家的文章，与胡方的文章一起，编纂为《岭南文选》。惠士奇常对姓吴的士子说："胡君其貌丰厚端伟，很像顾炎武，即使不享大名于生前，亦必享大名于身后。"胡方当时的知音，实在就只有惠士奇一人而已。

清雍正四年（1726），惠士奇向朝廷上疏，举荐胡方。奏疏大意说："臣在广东视学，已有五年，每到一郡主持会试，必查问其乡的人物，想找到一位积学力行、而且道德文章俱佳之人，作为诸生的表率。如今了解到番禺岁贡生胡方，品端学醇，一介不苟，五经尽通，能诗工书，为《四书》及《周易》作注，多有阐发前人的独到见解，继承理学。广东学者比之于江门的陈献章……他生平治学，以力行为主，不单只表现在言语文字上面。可惜他年事已高，不能任职，但可以树为读书人的楷模。请朝廷赐给他一定的品级，按照古代养老之礼，命当地官府按月致送羊酒，以示朝廷对他的敬重，使得士子们都懂得必须以读书立品为要务。"

胡方在读书之余，深研理学，颇具卓识。清代名儒陈澧曾誉之为陈白沙之后的一代理学大师。陈澧说："粤之先儒，自白沙先生后，越百年而有金竹先生，粤人皆以金竹比白沙。"当年理学门户之见很深，有非议陈白沙之学的学者认为陈白沙主张"静坐致虚"，便是"禅"。意思是说："陈白沙的学说并非正统的儒学，而是佛学。"于是胡方撰《白沙子论》批驳了诋毁白沙之学的学者。他认为："以虚为体，静以求之。"佛家确实有这个主张。这是由于此心此理，客观上原本就是如此。佛家的主张不过与儒家的主张暗合而已。但是佛家不明白所谓"虚"里面的蕴体是什么，便觉得没有规律可循，不可知，这样就与儒家相差很远了。胡方在文章中指出陈白沙之学与佛家的本质区别。其立论精辟入微，捍卫了陈白沙的理学。所以《清史稿·儒林传》为之立传，赞他"处道学风气之末，独守坚确"。

胡方著述甚丰，有《周易本义注》（即《易系词说初稿》）6卷、《四子书注》10卷、《庄子注》4卷、《鸿桷堂集》6卷，诗300余首、制义100余篇。对身后事，谆嘱家人以薄葬为本，亲友来奠，仅受其一揖而已。临终，其余文字，悉投于火。胡方有一故居在新会"做笔街"，其子孙曾将之典与黎姓，知县林星章命黎姓还之，将之改建为"乡贤胡先生祠"。

（蒙胜福）

卢观恒

叱咤十三行的"红顶总商"

———————❧❧❧———————

卢观恒（1746—1812），字熙茂，洋商称之茂官，出生于棠下乡石头村蓬莱里（今属江门市蓬江区棠下镇）。清"十三行"总商、"红顶商人"。早年卢家家境不好，乾隆年间，卢观恒离开村子，随船漂泊广州。他在陌生的城市里，从不名一文做起，时运周转，成为十三贸易行的商界总商。

卢观恒在嘉庆年间，逐渐和潘（振承）、伍（秉鉴）、叶（上林）四位总商衔接主宰广州十三行，连脉儿女亲戚，横运当道，不仅和"番鬼"海上贸易，也是清朝皇帝"天子南库"的命脉所在。这个传奇的官府行商团体，令海外商贾云集，商业勋绩建立了清朝海上商业交往的黄金时代。

清乾隆二十二年（1757），清朝下令实行闭关锁国政策，仅保留广州一地作为对外通商港口。这促使"广州十三行"成为当时中国唯一合法的"外贸特区"，给行商们带来巨大商机。"广州城廓天下雄，岛夷鳞次居其中，香珠银钱堆满市，火布羽缎哆哪绒"。每年五月至十月为贸易期，清朝与西方列国的全部贸易都聚汇于广州，中国各地物产都运来此地。此后的100年中，广州十三行向清朝政府提供了40%的关税收入。

有一年，卢观恒碰到一个手上尚有许多卖剩的货物、急于觅地寄存的洋商。他在贸易限期来临之际，找不到代理看管的铺位。正巧卢观恒帮人看铺屋，于是租赁给洋商储货。洋商同时急着把货物倒腾出去，卢观恒灵机一动，答应托卖销售。洋商很高兴，他认识卢观恒有些年了，知晓他为人实诚，于是说好了价目。但心里不免还存疑惑。过了大半年，洋商从英国随船来到广州，双方见面，得知存货都被卢观恒销罄了，给他的价款分毫不差。

当时，洋商的货物都要量测后，进入黄埔货运码头，和官商、粤海关打交道。而卢观恒的聪明和诚信，让这个洋商放心，提议继续合作，还拉来了本国的商人，一起洽谈合作，并希望从卢观恒的手上，再买到中国货，随船运回自己国家去。

中国货中，主要有茶叶、瓷器、丝绸。这其中的茶叶，当时称为中国"宝贝"。史料记载，卢观恒曾经把中国的茶叶运到了国外，许多国家的绅士逐渐把中国的茶叶作为贵族的高消费饮品，连英国女王也"私藏"中国茶叶，作为养生法宝。

正是因为英国皇室对中国茶叶的依赖，也使得英国和法国商人个个看中茶叶。因为茶叶，1773年引发了波士顿倾茶事件，从而爆发美国的独立战争。由此影响到中国茶叶的升值。卢观恒在英国、法国商群中"驱羊攻虎"，让他们满意而归，而自己也是赚得盆满钵满。

更多的外贸洋货也从他的手中，辗转到全国的商户，甚至成为朝廷贡品。乾隆年间，每年两广总督、广东巡抚和粤海关监督，要向皇帝进献大批价值昂贵的各

卢观恒像

种珠宝珍玩。这些东西都是"委托"行商卢观恒等人采办，价值亦由行商"赔垫"。

当时，卢观恒尚没有真正从商，与东印度贸易公司已经暗中合作。乾隆五十二年（1787），他出银 13 万两，英公司邀"保商"万和行商蔡世文（文官）出面，共同签订茶叶合约，做成该项买卖。

乾隆五十七年（1792），粤海关监督亲自为卢观恒颁发了行商执照，又因为他和文官蔡世文"亲信"，加上和东印度公司有长久的贸易往来，并且捐官二品，戴上"红顶"。于是，他的"广利行"也应运而生，行址在源昌街，洋商也亲热地称其"茂官"。

据荷兰公司的档案载："乾隆五十八年（1793）左右，（中国）对外贸易就集中垄断在几家大的行号手中，其中潘启官和石琼官占了所有进出口货物的三分之二，茂官（卢观恒）和沛官占了九分之二，剩余的行商占了九分之一。"此时广利行已是一个大行商，其贸易额仅在同文行、而益行之后，与怡和行不相伯仲。

当卢观恒跻身十三行的时候，许多外商蜂拥而来，将货物交给他代售。由于外商的船只受到严格的限制，海关仅让外国的货船停在黄埔港。十三行的职责包括测量货物、发红牌，然后用驳船把货物运到十三行行商区。卢观恒兼做过这种衙门"钦差"，然后开始精明的生意往来。

茂官的广利行，西面是经官行，南面是粤海关货仓，东面隔一街巷与伍家的怡和行相邻。据历史学者曾昭璇、曾新、曾宪珊考证："普安街，清代卢观恒的广利行，长 133 米，宽 3 米"，而伍秉鉴的"怡和行，长 198 米，宽 4 米"，广利行是十三行最大的行馆之一，生意如日中天。

十三行设有总商，在粤海关监督的大行商中选定。1800 年，海关监督"举议同文、广利两行值年"，广利行的卢观恒成为副总商。

英国东印度公司也多次提到卢观恒的富有，甚至动用了商业暗探调查报告："茂官据说也很富有，但他不肯提供他财产情况的信息。"嘉庆十一年（1806）夏，英国公司特选委员会收到暗探呈报："卢观恒要求买下公司所有的印度棉花和东南亚檀香木。"

"嘉庆十三年（1808）占有毛织品 4 份，武夷茶 600 大箱、其它茶叶 18000 小箱"。茂官与怡和行的浩官（伍秉鉴）一起，共同担任十三行的首席行商。同时让英吉利货运公司大为紧张地认为他们是自己最大的竞争对手，往往以早、快的方式进货。国际形势的翻云覆雨，不及朝廷的"包公脸"，虽然官府不敢得罪茂官，但是碰上有洋人参合的时候，却会把红脸变成黑脸，不给卢观恒面子。

在卢观恒担任十三行总商期间，除了和洋商的贸易来往外，还要和海关一起处理不同的外交纠纷。他隐隐感觉到，与英国自由商人的贸易摩擦日渐升级，"十三行"逐渐变为 19 世纪中西关系危机的焦点，茂官也陷入了悲惨局面。

嘉庆十二年（1807）正月，"海王星号事件"，成为茂官的"滑铁卢"。英国东印度公司的"海王星号"商船水手在英国政府的肆意下，故意在十三行街道喝酒滋事，用肮脏的英语大骂中国人是"猪"，挑起商民的愤怒，当地民众蜂拥群殴。许多铺面都吓得关门，害怕引火烧身。晚上，英国水手们突然窜进街道，烧毁了关卡木棚。许多百姓都只好用砖块、木棒对打，一名叫廖亚登的小伙子，被打至重伤进医院抢救。

清廷于乾隆十年（1745）从广州 20 多家行商中，选择殷实者五家为保商，建立保商制度。保商的责任是承保外国商船到广州贸易和纳税等事，承销进口洋货，采办出口丝茶，为外商提供仓库住房，代雇通商工役。保商对于承保的外国商船货物因享有优先的权利，在其他分销货物的行商交不出进口货税时，必须先行垫付。凡外商有向官府交涉禀报的事，责令保商通事代为转递，并负责约束外商不法行为。

卢观恒就是保商之一，作为英国东印度公司商船的保商，卢观恒最初打点了一下，默默出手，以为会平息一切。但是，廖亚登在医院突然死亡，血流满地。卢观恒才意识到清朝官府必定会见因起事，而这时正是国际纠纷让清朝紧张时候，处理不当，必招灾祸。他找到海关监督，询问此事，但看到是一副不冷不热的面孔，他心里暗自叹息。

果不其然，一周之后，卢观恒被南海县衙临时羁押，而且把洋人罪算在他的身上，说他是英国东印度的"洋奴才"。在县官的授意下，酷刑毒打卢观恒，一身都是血迹斑斑，惨不忍睹，要他交出英国的杀人凶手。卢观恒明知官府处理不当，唯恐引发矛盾，只有忍气吞声。

潘有度、伍秉鉴等势力背景厚的行商积极出面，声势很大。在县衙和商行们的压力下，英国东印度认为在中国的商贸还须依靠卢观恒，一旦出事，对今后贸易极为不利。迫不得已，"海王星号"船长只好妥协，与总商伍秉鉴达成协议，将52名水手交出受审。

结果认定叫西恩的水手嫌疑最大，1807年7月1日，南海知县照会澳葡理事官委黎多："谕行商卢观恒亲自前往澳门，着令该大班将夷犯即日交出，解省审办。"奄奄一息的卢观恒被家人扶着出狱，与另两行商赴澳，坚持将西恩押回广州。

此次"交易"，卢观恒也开始感到大清政府的腐败无能。劫难之后，年岁渐衰的卢观恒失望之极，曾多次伤心地想退出十三行。但地方官府，总是冷面对之。甚至眼巴巴地看到，潘有度回福建歇息之后，又被扯回十三行，无奈之下，建立了新的"同孚行"，可惜有气无力了。

嘉庆十三年（1808），潘有度退休后，卢观恒一直占据首席行商的位置，与怡和行伍秉钧的弟弟伍秉鉴，共同掌管行商事务，成了十三行的总商。

有过营商无助的经历，就知道感情的可贵。因此，卢观恒对其他行商十分关照，当他们遇到困难时，常常主动伸出援手。

万和行蔡世文因为欠债，商行生意一落千丈。卢观恒提出愿意为他出资还债，但他觉得无脸见江东父老，在和卢观恒含笑交谈之后回家自杀身亡。卢观恒答应过蔡世文，照顾蔡家的儿孙，希望他们能够重新开始。次年，蔡家虽有卢观恒的照应，但不堪债务压背的摧残，在阵阵"催债"声中，悄悄地逃匿去了国外。卢观恒虽然有气，仍毫不犹豫地承担蔡家所欠的 4 万多两白银。

从嘉庆十四年（1809）开始，万成行沐士芳、会隆行郑崇谦和达成行倪秉发因外债先后破产，遗下商欠 106 万和 50 多万两白银，卢观恒在沉重的负担中，因是保商，自然地承担了 36934 两白银，并负责把他们的家眷送到外地生活，减轻他们的负担。

卢观恒曾乐善好施捐，出巨款修筑、加固家乡新会棠下周郡、横江、天河三围的大堤，以抵御西江洪水。又"以田七百余亩，捐充石头卢族义学义仓经费"；"以田五百余亩，捐充新会全县义学义仓经费。今新会官立中学堂、西南公立两等小学堂、邑城公立两等小学堂、东北公立景贤高等小学堂所拨常年经费，各有紫水义学、紫水义仓之一部份，皆卢五百余亩之捐款所贻也。"

1812 年，卢观恒病逝，其子卢文锦接管广利行。

（曾阳漾）

47

罗天池

粤东四大家之一

罗天池（1805—1866），原名汝梅，字苹绍，号六湖，棠下良溪（今属江门市蓬江区棠下镇）人。官至云南兵备迤西道按察使司，擅长诗、书、画，为清朝知名画家，被誉为"粤东四大家"之一。其创制的"罗氏柑普茶制作技艺"现为广东省非物质文化遗产。

　　罗天池是道光六年（1826）进士。进入仕途后，被军机大臣穆彰阿收为门生，从刑部办案文职开始官宦生涯。官至云南兵备迤西道按察使司。道光二十六年（1846），落职归里。

　　他的诗风受陆游、陈恭尹影响，雄浑壮丽。诗中表现充满爱国主义精神，特别是在鸦片战争时期，外虏强掠的时代，他那些"奏书自是平戎策，不拔狼牙恨不休"，有同仇敌忾的愤慨，有誓死戍边的决心，他的作品在同时代其他诗人中是少有的。20多年的倥偬生涯，写下了不少激昂慷慨的诗词。

　　道光十九年（1839），鸦片战争初露端倪，英军从沿海进犯中国。当

罗天池像

时，罗天池在镇江北固山驻守，听闻英军在南京烧杀奸淫后，义愤填膺提笔奏书朝廷要求请战。而后提笔一舒壮志："飒飒西风撼客舟，盈盈一水隔扬州。江干锁钥横狮象，天末楼台接牛斗。瓜步寒潮尚鸣咽，秣陵阴雨待绸缪。奏书自是平戎策，不拔狼牙恨不休。"次年，罗天池转到厦门驻守，将其从英军作战中缴获的一门铁炮取名"正威将军"，与再犯英军鏖战了三日，"正威将军"最终重创敌舰，英军仓皇逃窜。战后，罗天池赋诗赞道："……正威南指骇鬼魅。交趾神物贻边陲，一声再击雷轰碑。星驰电掣动蛟窟，番船奔波累卵石。"

从政从军生涯中，罗天池除喜欢读书外，勤习书法，对书法珍本尤爱，每日必临摹名家名帖，以求神韵。书法初学董其昌、米芾，后专攻王羲之。在他自撰的诗文中记载：道光二十一年（1841）在托人购得南唐祖拓的王羲之《澄清堂帖》后，遂一意以右军为宗，此后在20年的南北任职中，字帖从未离身，而且心追手摹不倦。从其自撰楷书联文可窥见他对王羲之书法的倾心独爱："书到右军难品次，文从开府得波澜。"罗天池晚年书法遒媚劲健、体势自然，可看出学右军之痕迹，行书参董、米诸法，不失己意。

罗天池在诗书画和古玩鉴赏有独到之处，粤人将其与黎简、谢兰生、张如芝同誉为"粤东四大家"，著有《修梅阁文集》。他的画由董其昌得径，力追董源、巨然，继而学元倪瓒、吴镇、柯九思，又学明代徐贲、沈周、陈道复等诸家笔法，在此基础上，博采众家之长，融合己意。他的画以花卉、山水为多，尤爱画梅花，人物画不多见。他所画梅花，多为清瘦挺拔之姿，旁逸斜出，乱头粗服而不掩秀色。与其同时代的广东著名教育家、学者谭莹有《题罗六湖画梅》诗，概括了罗天池画梅花的基本风格："剩墨离离整复斜，独开生面是名家。一枝瘦硬通神笔，肯仿徐熙没骨花？"

他晚年绘的一幅浅色纸本《读书秋树根》山水人物画，是以家乡良溪村外景色入画，画中背景重墨迭伏的远山和蜿蜒湍流的河水，近景是一位穿着长袍披风的老学者，坐在一棵裸露树根老树旁的石坪上读书，树枝上疏散地挂着尚未落尽的红叶子，画面淡雅清疏，给人以深秋的感觉。画面勾勒笔力雄劲，墨气沉厚，是仿吴镇笔意兼用沈周晚年笔法而作。罗天池在评石涛山水画时说："清湘画或细极豪芒，或放之寻丈，概以墨气神韵取胜。"借之来评他的山水画，实在不算过誉。

罗天池不但以诗书画著称，又以鉴藏而名。由于出生富裕家庭，受父亲影响，他嗜爱收集古玩及历代名家的翰墨。平时潜心研究，见多识广，眼明手高，经其过眼的书法名画，不胜枚举。他曾藏有倪云林（瓒）和王蒙合作的《听雨楼图》，唐代吴道子款的《八十七神仙卷》（徐悲鸿纪念馆藏），宋代孙钰的《仙女采药图团扇》（美国费城博物馆藏）和元代赵孟頫的《秀石疏林图》（北京故宫博物院藏）等。至今海内外各大博物馆中收藏的中国名人书画，有不少曾经其鉴藏过。初在京都任职时，他曾奇迹般地将一轴签题为"（明）唐子畏（寅）真迹"的无款山水画定为北宋李唐之作。后来人们就日光下审视，于石纵中见蝇头小楷"臣李唐恭进"五字，大家无不为之叹服。当时著名书画鉴藏家吴荣光亦在座，见此大为惊叹，当即咏诗赞叹："不是明贤是宋贤，后来无此好云烟。独存双眼推罗隐，直溯渊源七百年。"对其慧眼鉴画赞赏有加。罗天池一时声名大噪，传遍京城收藏界。

侍御官韩荣光听闻后，恰巧新得一幅画，画尾落款为五代南唐董北苑（源）的长卷画，既兴奋却又担心是赝品。于是把罗天池邀进府中，隐瞒不说是谁的画作，仅说："只展少许看，若辨不出谁画的就把画收起来。"韩荣光才打开一尺宽，罗天池脱口便道出是董北苑的画，令韩荣光十分敬服和感激。此后，每有收获书画即请他来鉴赏。有一回，收藏家潘正炜邀请罗天池到他家帮忙鉴赏名人书画，从早上看到下午，二人眼睛都十分疲劳。此时，潘正炜悄悄拿出一轴画，展开数寸，只露出几片树叶给他审定。罗天池看了一眼当即答出是黄华老人（金代文学家、书画家王庭筠，自号黄华老人）的笔法。潘正炜对他的真才实学心服口服，又问他怎么得知。他说，平时通过多看，研究领悟前人的笔法、用墨、色彩和风格，达到提高自己鉴赏的能力。

由于罗天池自小好学，博览众书，其气质上完全是一副北方书家子弟的模样，大学士汤金钊很赞赏他的学识与修养气质，曾问他是不是北方人？他说是南方农家子弟，是读书使自己气质发生了变化，正所谓"腹有诗书气自华"。

（蒙胜福）

卢华绍

热心慈善的华商首富

卢华绍（1848—1907），亦称卢九，字育诺，号焯之。潮连卢边村海田坊（今属江门市蓬江区潮连街道）人。早年家境贫寒，到澳门谋生，从商后经营钱庄及博彩业，成为澳门第一代赌王。纵横粤澳的几十年间，卢华绍及其家族在烟赌、地产、教育、医药等产业布局经营，最终成为华商首富。其热心慈善公益，创办镜湖医院，资助孙中山行医。

卢华绍，澳门人多以"卢九"称之。此名何来？因为卢华绍的头大、聪明伶俐。乡里称之大头"耇"，在粤语中"耇""狗"同音，取笑中，赠"卢狗"之名。别人笑他大头狗，他却一笑避之，这就是卢九的豪爽性格。后来卢九功成名就，纵横粤、澳、港，便扬言更名，自封"卢九"。

咸丰六年（1856），卢华绍因家境寒微，迫不得已从潮连偷渡澳门谋生。据

卢华绍穿朝服像

族谱记载，卢华绍"少年失怙恃，生计殊窘。弱冠后，始至澳门，业钱银找换。稍有蓄积，设宝行钱号。既而以善营商业，雄财一方"。

卢华绍的"第一桶金"应是靠卖猪肉赚来的。看到澳门的赌业兴旺，卢华绍开始经营钱庄，开设"宝行钱号"，并以经营贩卖鸦片"宏丰公司"名义，与周边鸦片商合伙在广东与澳门经营白鸽票（卢为公司最大股东）而雄财一方，成为澳门第一代赌王。1895 年，卢华绍与省港澳三地富绅 7 人合伙组成洪峰公司，经营粤省闱姓（早期的彩票，猜科举考试中榜者名字的赌博活动）。光绪二十六年（1900），该公司又以宏发公司名义每年认缴饷银 42.5 万元，另一次过缴报效银 10 万

元，承办全省山、铺票经营权，为期八年；同年卢华绍等人又以宏远公司名义，禀请承办粤省小闱姓（又名白鸽票），共举办三年零八个月。因此卢华绍成为近代在粤澳同时开赌的第一人。

卢华绍家族，经营赌业累计30余年。此外，卢华绍家族还承包了仁慈堂彩票。一般来说，华商很少染指仁慈堂彩票。仁慈堂是澳门葡萄牙人早期建立的慈善机构，华人叫仁慈堂作支粮庙。为了筹集经费，仁慈堂很早就开始发行彩票。1897年，卢华绍、卢光裕与赌商柯六合作创立恒和公司，承包了仁慈堂彩票的发行长达10年之久。

在这纵横粤澳的几十年间，卢华绍及其家族在烟赌、地产、教育、医药等产业布局经营，最终成为华商首富。

作为澳门华商的领袖，卢华绍家族对慈善公益非常热心。镜湖医院落成于清同治十年（1871），早期一直用"镜湖医院"的名称，是由华人投资主办的非牟利慈善性医院，初期的二十年里只提供中医服务。在1879年，卢华绍担任镜湖医院总理。之后卢华绍、卢廉若父子长期担任镜湖医院的值理或总理，身体力行做慈善。

由于卢华绍家族在促进经济繁荣、改善华商营商环境、缓和华夷关系、救济贫困方面都做出了重要贡献，葡萄牙王室在1890年7月20日授予卢华绍骑士勋章。

1892年秋，卢华绍率众创建了另一间新的华人慈善机构同善堂。1894年4月25日，葡萄牙王室又授予他骑士勋章。卢华绍成为名噪一时的濠镜绅士。

卢华绍像

1895 年 5 月，澳门流行瘟疫，华人商绅在湾仔搭建大棚厂一座以安置病人，卢华绍、何廷光等巨商出力最多。同年，卢华绍出资改造沙冈，建成无数小屋给贫民百姓居住。澳葡政府命名"卢九街"，以"纪念卢九曾襄其事也"。

卢华绍长子廉若、次子煊仲、怡若，皆与孙中山友好，加入了同盟会，跟随孙中山，捐巨资支持革命。孙中山两次来澳皆由卢廉若接待，曾致函其次子煊仲，表示"仁侠高情，佩仰之至"。

1892 年 12 月 18 日，孙中山由吴节薇担保，向镜湖医院借款，总理卢华绍主动让董事会提供 2000 大圆，兑银 1440 两。1893 年 4 月，卢华绍依然同意孙中山向镜湖医院借第二笔款项为 1728 两，共计 3168 两。孙中山在当年 7 月在草堆街开设中西药局，向病人免费赠送西药，开始了他的革命鼓动工作，"以医术为入世之媒"，医人病，也医人心，希望民众能够"驱逐鞑虏 恢复中华"。卢华绍提议，让陈赓虞、陈席儒、宋子衡、何穗田、曹善业等人，一起资助。同时，给到中西药局治病或往孙中山寓所延请诊治者赠送"诊金"，表现了开明绅士的气度。

1895 年 10 月，广州起义失败，孙中山被清廷通缉，在香山人唐雄的帮助下逃出广州，雇汽艇驶往香山唐家湾，先避于唐雄家，随后化装躲进澳门，藏匿于下环街三号弗兰西斯科·飞南第家中。在此危急之际，卢华绍以其影响和势力，与葡人飞南第一道向孙中山伸出了援手。

1902 年，卢华绍家族在家乡捐办公善堂义学五所，发展潮连乡里的"潮连义学"，成为孩子们的"米饭班主"。穷苦人家的子女经氏族证明，确认过家境贫困，就可以去义学读书。

1912 年，卢华绍家族再次捐款，建立芦溪小学。同时，再办义学

数所。《新会潮连芦鞭卢氏族谱》及《潮连乡志》等，存有卢廉若、卢煊仲在家乡倡设义学的情况，"民国二年，族人兰生，廉若，煊仲，衮裳，湘父等倡设义学，捐资试办，颇有成绩"。

1900 年，李鸿章就任两江总督，对赌业采取明禁暗放的态度。卢华绍力挫其他赌商，重金拿下了粤省八年期白鸽票经营牌照。200 万两白银刚出手，不到两个月，慈禧就把李鸿章从广东调离了。原两广总督德寿回任，是禁赌派人物，上任就开始打击赌商。卢华绍为了保有经营权，只能每年向官府多交 11 万两。德寿上任不久又被调走，调来了鹿传霖，鹿传霖干了十天，又换上了陶模，陶总督干了不到一年，德寿又调了回来。短短三年，两广总督频繁调换，每次新官上任，卢华绍都得花钱打点门路，生意还没开张，又要出一大笔开支。

1903 年 4 月，岑春煊署理两广总督，故作刚正不阿，专治粤省黄赌毒。他借禁赌名义肃清吏治，打击各级不法官吏，顺便在广州禁绝小闱姓，要将赌博业彻底赶出粤省。这一举措令卢华绍的经营陷入困境。

1905 年，清政府和葡萄牙计划修一条铁路。卢华绍仿佛看到了希望，到上海拜见盛宣怀，表示愿意出钱修建铁路，并希望盛宣怀帮助他追回那笔百万洋银。但盛宣怀拒绝了卢华绍。

迫不得已，卢华绍又想利用葡萄牙国籍，请葡萄牙公使照会清朝总理衙门，要求岑春煊将自己所付 200 万白银"秉公照数发还"。岑春煊态度强硬，狡猾地抓住卢华绍捐盐运使一事，认为捐官就自动放弃了葡萄牙国籍，反而要求葡萄牙严加查办。葡萄牙公使担心事态升级，不再参与。卢华绍的钱，也打了水漂。

卢华绍在朝廷无赖、澳葡政府假惺惺中徘徊，自己一片忠心，终于淡了下来。加上粤省赌业巨亏，得了抑郁症。1907 年 12 月 15 日，卢华绍在澳门私宅"娱园"悬梁自尽，时年 59 岁，死因至今成谜。

卢华绍逝后，由子孙承继家业，他共有 17 子、16 女，长子卢廉若成为澳门商会的主席，兼任澳门镜湖医院的总理。

（曾阳漾）

邓增

镇守边陲的"虎"将军

邓增（1843—1906），字景廷，丹灶乡（今属江门市蓬江区环市街道）人。邓增少时爱习武。清咸丰十年（1860）加入清军。参与过镇压太平军，后被浙江巡抚左宗棠擢升为把总，镇压捻军有功，升为副将。光绪十八年（1892）被任命为甘肃西宁挂印总镇。八国联军侵占京城时，邓增在慈禧、光绪帝西逃时担任警卫，后护送他们返回北京，获光绪帝赐御书"虎"字，作为褒奖。

邓增少年时喜结交江湖各类人物，爱习武术。他父亲把他交由新会县城一间远亲商店当学徒。咸丰十年（1860），英法侵略军破天津入北京，又逢太平军起义。这时邓增只有17岁，适值清营大量招兵，邓增毅然投军。由于作战勇敢，又常表现出机警智勇，他从士卒升了级，后来又接连打胜仗，受到长官的重视。

有一次，营官委派邓增率领一小队清兵去剿匪徒，一举击溃，被录功上报。同治元年（1862），太平军在浙江的战事如火如荼，邓增奉命随队由广州开赴增援，不久克复汤溪城，因功擢升蓝翎把总（一个最低品级的武官）。此后，随大军转战福建、广东、江苏、浙江等省，多立战功。邓增在战斗中常飞骑冲锋陷阵在诸将士的前头，更擅长燃放一种弹药量大的火炮，这种炮轰势猛烈，命中率高，美其名曰"开花大炮"。后来，升至花翎游击（五品以上的有功武官才赏戴花翎），领参将衔。

邓增像

同治八年（1869），朝廷委派左宗棠任陕甘总督，命入潼关平乱，左宗棠在浙江熟知邓增智勇，命其随大军出征。邓增连战皆胜，克复陕西榆林道的洛川、邠州等县城，多获全胜，战功上报授职参将。当时清军屡攻金积堡不下，清军提督刘松山突中飞炮死于城下，战事一直拖延到第二年六月，邓增奉左宗棠令率"恪靖开花炮队"开道，围城开炮猛轰，破城。邓增在此战役后保荐补授副将。

同治十年（1871），邓奉命随刘锦棠入甘肃平乱，使西宁城转危为安。战功上报，皇帝授予邓增"博克德恩巴图鲁"勇士称号。不久，邓增又奉命进军新疆，接连战斗又克肃州，积功擢升总兵。

光绪初年，邓增奉调随都统金顺出关到新疆征剿，经历了一连串奋勇苦战，先后收服了辑怀城、乌鲁木齐、昌吉县、呼图壁各城，上报战功赏升记名提督，并赏赐黄马褂。邓增又乘胜收复玛纳斯南城，朝廷赐一品顶戴。光绪十年（1884），新疆的伊犁也被邓增收复了，皇帝特旨授他总兵实职，真正成为新疆地区的最高防军长官。由于迭连战争房屋十有九空，牧场荒毁，邓增发布公告，对流窜的敌残兵士愿回乡耕种者，不追究、不抓捕，恩威并施安抚流亡，召集收编，得力的措施使民心稍定逐渐归聚。邓增同时又修渠筑城，鼓励居民发展生产，大兴畜牧，他在任四年，过去的人烟稀少荒芜场地，渐渐兴旺起来。

光绪十五年（1889）七月，邓增又奉调镇守甘肃西宁城（西宁道首府）。他锐意整顿，欲使战祸之后满目疮痍的西宁城逐步进行建设。叛匪再次举兵。邓增接到消息，急率军平乱。光绪二十一年（1895），叛匪聚数万人围攻循化城，眼看孤城危殆，城中守将拼死派人带血书出城，邓增接到急报后，召集将士以迅雷之势直冲敌阵，将士以一当百血战至次日，终于杀退围敌，化解循化城之围。同年八月初二，西宁城东面墙忽然崩塌数丈，军民不料有此惊变，尽力抢修。叛匪得知消息后，乘机进攻。邓增守在城上，见叛匪遍地蜂拥而来，已接近小桥的营盘，叛匪如果越过小桥就能轻而易举地从塌墙攻入城。邓增正在打算出城救援堵住来敌，有一个来西宁城游历的英国人，目睹此惊心动魄的场面，摇头示意邓增切勿冒着生命危险轻出。身旁部将也献计，不如凭城居高临下，对敌发开花大炮轰击。邓增说："怯而示弱，城不可恃也……况且统帅不出，城下将士谁肯用命？"说完率队出城疾驰奔到小桥指挥抵御。在邓增的指挥下，将士拼死杀敌。叛匪无战斗经验，见己方死伤众多久攻不下，只有退逃，西宁城得以保全，军民庆幸转危为安，也佩服邓增临危若定，智勇超群。

光绪二十二年（1896），镇守在西宁城的邓增，奉命与各路援军会师，叛匪被全部歼灭，战报奏捷，邓增擢升为陕西省提督。后邓增奉旨调回甘肃固原城（清改道）的原任，兼办理海城县与平运县的平乱善后事宜。在处理过程中，只杀叛军的首恶，被胁从者解散回家放牧。于是当地百姓逐渐恢复生产，进行贸易生活，社会出现了安定，人心悦服。

光绪二十六年（1900）八月，自义和团事起，八国联军破天津入北京，慈禧太后和光绪皇帝仓皇奔陕西长安避难，即"庚子之乱"。邓增奉上谕督队赶往护驾，迎皇帝和太后于陕西蒲州（今蒲城县）。慈禧太后见邓忠勇，使随从侍卫护送到长安后，又留邓增为宿卫。1902年，慈禧及光绪皇帝自西安回北京，邓增又奉命节制扈从各军，旅途上光绪皇帝对他温颜嘉奖，御书"虎"字赐予邓增，成为邓增毕生的殊荣。

邓增出身行伍，积功至一品将军，为清王朝立有殊功。他品行可取，爱护军民，竭精尽瘁，死而后已，是一位在乱世中杰出的军事人物。

（蒙胜福）

黄景南

倾助革命的义勇华侨

黄景南（1860—1923），名启祥，字景南，棠下（今属江门市蓬江区棠下镇）人，是支持孙中山革命的著名越南华侨。黄景南在越南经营芽菜生意，结识孙中山以后，积极加入兴中会，掩护孙中山躲避密探跟踪。为了支持孙中山革命，黄景南每日恒以所得投入存钱罐中，贮为捐助革命之需。他捐出一生积蓄，其子也为革命牺牲。

　　黄景南少时家境贫苦，离乡下南洋谋生。早年，他在越南堤岸以卖云吞谋生，稍有积蓄后改为经营芽菜生意，开设"黄祥记"芽菜店。经过一二十年辛勤经营，黄景南颇有积蓄，但当时华侨在越南遭到种种压迫和欺凌，使他立下了救国救民的志向。

　　1900年6月，孙中山来到越南堤岸发表演说。黄景南深受感染，认同孙的革命救国道理，

黄景南像

因而结识了孙中山并将其接到店里住宿。两人相见恨晚，相当投契。后孙中山到越南组建兴中会，黄景南首先加入，成为堤岸参加兴中会的第一人。孙中山与黄景南关系密切，常到其店内食宿。由于孙中山到越南鼓动华侨革命，清廷驻越使官密会法国使官，抓捕孙中山。孙中山被法国殖民主义者派遣的密探跟踪时，避入黄祥记店内。黄景南把他藏匿在后院发豆芽的巨型木桶里，使其有惊无险躲过密探的追捕。

黄景南　倾助革命的义勇华侨

　　1907年，孙中山到越南筹集镇南关起义经费。在募捐大会上，黄景南带动捐资，以身表率，当晚募得捐款12000元，其中1/4为黄景南认捐。孙中山曾言："其出资勇而挚者，安南堤岸之黄景南也。倾其一生之积蓄数千元，尽献之军用，诚难能可贵也。"冯自由曾撰文说："（黄景南）每日恒以所得投入扑满（存钱罐）中，贮为捐助革命之需，时人间而义之。"扑满代名，含双关之意，即扑灭清廷满洲贵族之意。

　　为了宣传革命，黄景南等人创立"萃武精庐"社团，印刷刊物并雇请教头教练武技，吸引数百华侨入社。他捐资1000元购置设备，并编撰粤曲、唱词，向华侨印发宣传资料，宣扬有关孙中山发动历次革命起义和革命党人英勇牺牲事迹，在华侨中扩大影响，受到孙中山的称赞。在他的推动和影响下，南圻各省的社团效法堤岸的做法，纷纷设立类似"萃武精庐"的组织，革命气氛风靡一时。后清廷防范海外华侨参加革命，堤岸同盟会即以"萃武精庐"书报社为办事处，并将"萃武精庐"书报社改为"讲学社"，继续开展革命活动。

　　黄景南不仅自己投身革命，其子亦为革命献身。1911年，为支援革命党人筹备广州起义，他购买一批枪支弹药，派儿子黄恒运送到香港，还组织一支30余人的敢死队，准备回国参加起义。但因起义提前举行，敢死队和武器均未能参加起义，而黄恒亦于途中牺牲。黄景南闻讯，痛心疾首，但对革命的热诚并未减退。

　　武昌起义成功后，黄景南很受鼓舞，四处积极筹款，短时间内即募捐得银20万元，汇回香港总部。1916年袁世凯称帝后，黄景南积极从事各种声讨袁世凯的宣传活动，积极募款，支援讨袁的护国军。黄景南因反袁被越南殖民当局逮捕下狱，但他在狱中毫不动摇，最后殖民当局迫于舆论压力，十日后便将其释放。

　　1920年，桂系军阀把持广东军政府，孙中山发起驱莫（荣新）运动。年逾花甲的黄景南仍身体力行支持孙中山，他组织越南"华侨义勇队"，并亲自率队回国参加支援孙中山平乱。是年 11 月，粤军收复广州，驱逐桂系，大功告成，黄景南功成身退，将越南华侨义勇队安排归越，而自己则息隐于广州东山，潇然自得，唯劝勉子侄为革命效力。

1923 年，黄景南在广州病逝，终年 63 岁。初葬于黄花岗，后迁葬家乡棠下旗杆石林场。国民政府曾立墓碑，以彰其功。

（华夏）

容揆

庚款留美学生的守护人

容揆（1861—1943），字知叙，荷塘良村松桥坊（今属江门市蓬江区荷塘镇）人。第二批留美幼童之一，18岁时因擅自剪去发辫及加入基督教，被清政府强制遣返，中途逃离。在族叔容闳的支持下进入耶鲁大学完成学业，毕业后为中国驻美使馆工作，担任庚款留美学生的监督。

清同治十二年（1873），容揆12岁时入选清政府官费第二批留美幼童，按计划在美留学15年。据记载，留美幼童赴美路线为上海出发，乘坐轮船抵达旧金山后，再换乘横跨北美大陆的火车前往美国东北部的新英格兰地区。第二批留美幼童在乘坐火车时曾遭遇持枪匪徒抢劫，所幸并未受伤。容揆抵达马萨诸塞州斯普林菲尔德市后，被分配住在威利夫人家。

威利一家对待留学幼童极为热情，威利夫人把他们当成自己的孩子一样悉心照料，辅导他们学习英语，熟悉西方生活。在信奉基督教的威利家的影响下，容揆逐渐了解、认可基督教的教义。18世纪70年代末，唐国安、容揆等留美幼童组织了"促

容揆像

进更多中国人信奉基督教学会"，宗旨是"将来回到中国，把福音带给同胞，引领他们走上永久和平康乐之道"，容揆任学会的司库。

幼年的容揆，个性有点羞怯、内向，但很有主见。他曾说："一只生下来就被囚禁的鸟感觉不到森林的气味，可一旦让他舒展飞翔的翅膀，这时再豪华的禁闭空间也不能遏止他希望飞到即便是暴风骤雨的自由天空的愿望。"

留美幼童们适应了美国的生活学习，便越发体会到旧式教育带来的压迫与痛苦，言论思想便与旧教育的规范不合。

清光绪五年（1879），容揆高中毕业时表现优异，被哈佛大学录取。但因剪辫子和入基督教的行为，触犯中国留学事务局大忌。刚上任不久的留美学生监督吴嘉善勃然大怒，勒令容揆立即回国。因为同一理由和容揆一起被强制遣返的，有耶鲁大学二年级的谭耀勋。他们乘坐火车从哈特福德前往波士顿途中经过斯普林菲尔德的时候，容、谭二人借口要与友人告别，下车逃匿，宣称和中国留学事务局脱离关系。

时任驻美副公使的族叔容闳资助了容揆，助其进入耶鲁大学学习，条件是学业完成之后要为中国服务。抗命不归的容揆在耶鲁完成了大学学业，因对科学知识感兴趣，毕业后他又在耶鲁雪菲科学院学化学，并在1886—1887年进入哥伦比亚大学矿业学院学习工程。

离开学校后，容揆在纽约的报刊杂志社工作，作为自由撰稿人写文章，其中有些文章介绍中国文化和中国人的生活。1894年，容揆与彼此相爱、互相等待了10年的玛丽·博哈姆小姐结婚。

1897年起，容揆在华盛顿中国驻美使馆工作，直到1908年回国居住半年。在唐绍仪赴美出使时他担任使团秘书，并由此回到美国，第二次在驻美使馆工作。他在驻美使馆工作期间，担任庚款留美学生的监督。庚款资助留学的协议从 1909 年开始，到 1940 年结束，期限 32 年。首批 47 名庚款留美学生赴美，由同为留美幼童的外务部官员唐国安护送。留美学生抵达斯普林菲尔德市以后，容揆负责接待。容、唐二人根据学生的具体情况，安排他们到不同学校就读，报到后两人又一起到各校考察留学生的学习和生活情况。看到教授、管理得到合适的安排，"诸生皆安心学习"后，唐国安才回国，把在美的照料、管理工作留给容揆负责。以后几批庚款留学生来美，仍由唐国安在北京组织选送与派遣，由容揆在美安排、监管他们的学习和生活。

其间，容揆著有《中国幼童出洋肄业局的回忆》（*Recollections of The Chinese Educational Mission*），这与容闳的自传《西学东渐记》（*My Life in China and America*）一起，成为当事人撰写的最早的关于留美幼童的真实史料。

容揆历任中国驻美国使馆翻译、商务随员、三等参赞官，驻美国、墨西哥使馆二等参赞官，留美学生监督等。民国时期，任驻美使馆参事、一等秘书等职。1943 年，容揆在华盛顿逝世。

（华夏）

陈昭常

扯下清朝龙旗的吉林都督

　　陈昭常（1867—1914），字筒持（墀、池）、谏墀（简始、简稺、简持），号平叔，潮连巷头村（今属江门市蓬江区潮连街道）人。陈昭常任广西右江兵备道、洋务局总办等职，因剿匪有功，获赏戴花翎。1905年，任京张铁路总办，与詹天佑一起创办第一条由中国人设计施工的铁路。民国元年（1912），陈昭常被推举为吉林都督。陈昭常为巩固吉林东部边疆、开通图们江出海航线、吉林政改做出了重要贡献。

　　陈昭常年少聪颖，勤奋好学，自小在潮连就小有名声。光绪十五年（1889），时年 22 岁的他考中举人，五年之后再接再厉考中进士，授翰林院庶吉士，后又授散馆签发刑部江苏司行走一职。

　　光绪二十二年（1896），在广东同乡许应骙的举荐下，陈昭常随同兵部尚书荣禄、都察院左都御史许应骙往密云查办事件，因办事得力，得到荣禄的赏识。同年，张元济发起举办京师通艺学堂，陈昭常与张荫棠等几个广东同乡积极响应，并修订了办学章程，可惜最终未能实现。

陈昭常像

　　光绪二十三年（1897），张荫桓出使英国，陈昭常随同前往，借此游历了俄、法、德诸国，大大开阔了眼界，为后来的仕途积累了西方知识基础。

　　光绪二十四年（1898），他以道员身份前往云南任职。在经过广西桂林时，时任广西巡抚的香山（今广东省中山市）籍黄槐森接见了他，感觉此人思想开明、办事得力，又是广东同乡，便极力劝其留任，担

任当地洋务局会办。

光绪二十六年（1900），发生了震惊中外的八国联军侵华事件，慈禧太后仓皇西逃。陈昭常与多个同乡携带大量贡品奔赴西安，向慈禧太后表忠心，慈禧召见时十分感动，说他们"情词恳挚，出于至诚，深明尊君亲上之义，洵堪嘉尚"，留下了极好印象。

光绪二十九年（1903），陈昭常得到香山唐绍仪的推荐，见到了袁世凯，并得到重用。之后袁世凯倡议建京张铁路，便任命陈昭常为总办，同为广东同乡的詹天佑则协助会理并任总工程师。这是第一条由中国人设计施工的铁路，后人只记得詹天佑。陈昭常领导工程前期的建设，其功劳也是不能磨灭的。

光绪三十三年（1908），陈昭常就被调往东北延吉厅，负责勘定边界。其间，陈昭常因间岛谈判有功，升任吉林巡抚。与其他地方大员不同的是，吉林地处东北，是清王朝的龙兴之地，同时又是边境省份，因此，陈昭常主政吉林的相当部分精力放在防止日俄势力渗透东北上。

与此同时，久受维新思想影响的陈昭常不忘发展实业经济。在他倡导下，吉林在东北地区率先发展养蚕、缫丝业，创办电灯事业，推动酿酒、豆油生产、开矿。清政府长期不准汉人入关，导致吉林地广人稀，而此时面临着固边与发展经济两重压力，陈昭常力主从内地招入移民开垦荒地。在这几条措施的促进下，吉林的社会发展大见喜色。

陈昭常十分重视教育，在短短数年之内，建立了初小、高小、中学、初级师范、优级师范、法政、农业、巡警、陆军小学等比较完整系统的教育体系。吉林地区传统上由满人将军、副都统按军事方式管理，民政、财政系统极不完善。陈昭常借助其在内地任职的经验，逐步建立起一套完整的行政体系和官员任用考核制度。

但是，主政吉林时，陈昭常也干了件为后人诟病的事。其时，同盟会会员熊成基从日本潜回东北活动，被人告密是安庆起义的总司令，陈昭常将熊抓捕并处决。章太炎是熊的旧领导，他知道此事后非常悲痛，并写文章痛骂陈昭常，将他比喻为杀害秋瑾的浙江巡抚张曾敭。章太炎是当时的知名学者，他的言论对陈昭常带来极大的负面影响。

1911 年（宣统三年）10 月 10 日武昌起义爆发，东北三省民众要求独立的呼声甚高。陈昭常反应迅速，在一个月后就成立了吉林保安会，吸收绅民参加，以保境安民为旗号，静观其变。接着又下令全省减免税捐，以收买人心。

民国成立后，陈昭常马上撤下龙旗，换上五色旗，吉林巡抚改称吉林都督，服从中华民国领导，使吉林实现平稳过渡，免使百姓受苦。此时南方革命党与袁世凯集团之间，就首都定于南京还是北京论辩不休，陈昭常为袁世凯旧部，当然是支持袁的。他致电孙中山，表明立场说："总统必须于北京受任，南京参议院北迁。"

此时，地方势力抬头，以陈昭常处决熊成基一事对他提出诸多质疑，使陈的施政工作难以开展。陈昭常只有向老上级袁世凯请辞，但未获批准。1913 年，吉林省议会弹劾、控告陈昭常以私害公，移交法院。北京大理院裁定陈昭常"不应由普通法院管辖"，予以驳回。但此时陈昭常在省内已是臭名昭著了，难以再待下去。他再次以病请辞，袁世凯终于批准了他的请求，将他调回老家广东。陈昭常接到调令后，就在军政各界为其饯行之际，突然有法警拿传票来拘留他。时任护军使的孟恩远出面调停，才放陈离境。实质上，陈昭常是被驱逐出境，灰溜溜地离开主政了近五年时间的吉林。

经此一事之后，陈昭常对仕途意兴阑珊。他一路南下，一路游山玩水，迟迟未到广东赴职，于 1914 年 10 月病逝于途中。

（宋旭民）

卢湘父

致力于粤港澳办学的教育家

卢湘父（1868—1970），别名子骏，潮连卢边（今属江门市蓬江区潮连街道）人。早年中举人，与亲戚陈子褒同为康有为弟子，同样毕生致力于澳、港两地的平民和妇孺教育事业。

卢湘父 26 岁时在乡间任教，致力于八股文，试图考取功名，早年中举人。清光绪二十三年（1897）后，他拜康有为为师，入读万木草堂，与陈焕章、梁启超、余君勉等为同学。后来撰写回忆录《万木草堂忆旧》一书。次年，应梁启超、徐君勉之约，到日本横滨大同学校任教，一年后回国。

卢湘父毕生致力于澳门、香港两地的平民和妇孺教育事业。1898年，他从日本归国，任澳门张氏家族专席教师。1904年，卢湘父在澳门创立湘父学塾，自编蒙学新教本进行教学，不仅兴一时办学之风，亦促进了教育改革。1911年，学塾迁校香港。此外，卢湘父还倡办女子学校，继办男校，创办孔教学院。1924年，卢湘父任澳门孔教学院院长。1928年，他创办"孔圣堂"，一定程度上促进了儒家学说的发展。1934年，湘父学塾

卢湘父像

改名湘父中学，至 1942 年日军占领香港后被迫停办。1939 年，卢湘父在香港弥坚道孔教学院与文人、商人等结成"千春诗社"。1941 年，香港沦陷，他回乡避难，在潮连卢氏宗祠以礼、义、廉、耻为专题设讲座，向乡中子弟训诲。卢湘父桃李满门，许多名流、学者、实业家都曾出自其门下。

卢湘父心念家乡，曾回到潮连倡办芦溪义学，使贫儿有求学之机会。潮连，四面环水，水可载舟，亦可覆舟，终年水量充足的西江水为潮连带来通航、灌溉、渔业之利，却也让潮连历代先民饱受水患之苦。1924 年，潮连乡间农业研究所在到别乡考察后，大胆提议设置水泵。于是，热心的卢湘父积极向港澳潮连同胞发起募捐，由乡间农业研究所垫资 1 万元，接下来向外侨及乡亲筹集 1 万元，差额部分由澳门卢廉若、省城陈赞臣出资垫足。耗资 6 万余元，购买 30 匹马力油渣发动机水泵 3 台，这相当于当时上海一个大学教授 30 年的工资。

1939 年，米价昂贵，民食艰难。卢湘父知晓后积极奔走，召集港中潮连同乡捐资赈粥，解决了乡亲的困境。

明弘治年末正德年初（1488—1506）编写的《新会潮连芦鞭卢氏族谱》，自清康熙五十二年（1713）第五次重修后，到清宣统元年（1909），时隔 196 年。卢湘父团结海内外族群的力量，历尽艰辛，耗时数年完成新族谱 21 册（21 卷）的重编。1947 年，卢湘父再次修谱，不仅修宗支谱，还加插思荣谱、祠宇谱、家传谱、艺文谱、杂录谱等内容，13 册共 26 卷。1955 年，他 88 岁高寿时，纂修出《潮连乡志》，志书记叙乡土历史、氏族风尚、掌故、艺文及表彰前贤等，内容明晰翔实，备受乡民称道。此外，编有课本《妇孺韵语》《童蒙三字书》《童蒙四字书》《童蒙五字书》等启蒙书。

（张景秋）

邓泽如

慷慨革命的爱国侨领

邓泽如（1869—1934），名文恩，字远秋，号泽如，新会县篁边乡（今属江门市蓬江区环市街道）人。江门籍旅居南洋爱国侨领。早年随父习商，18 岁前往南洋谋生。1907 年，加入同盟会，后主持同盟会南洋支部事务，积极筹款，支持同盟会在两广和云南发动的武装起义。辛亥革命后应召回国，孙中山曾拟委任其为广东都督，他辞而未就。1920 年末，任广东军政府内政部矿务局长兼广东矿务处长。1922 年，任国民党广东支部长。

　　邓泽如因家庭生活困难，以契约劳工身份到南洋马来亚谋生。起初到橡胶园当雇工，以后转到南洋富商陆佑处当炊事员。因工作勤奋，很快便为陆佑赏识，提升他做账房工作。不久，他不甘于受制于人，辞职赴甘宝（马来亚埠名）开锡矿。当积攒到一些钱之后，又转往庇肠（马来亚地方名）开垦和种植橡胶园，兼做生意，他开设固南号商店，经营

邓泽如像

杂货拆家生意（即批发商）；并在芙蓉（马来亚埠名）开办光亚印刷文具店，由其女婿林芬臣任经理。自此，邓泽如产业逐渐扩大，不但拥有一批店铺，还拥有 500 多亩橡胶园。他已成为当地华侨社会中一个事业有成就、经济实力强的人物。而他处世待人仍保持谦厚谨慎，平易随和，当地华侨各界人士都乐于和他交往。

　　早在辛亥革命以前，邓泽如就响应孙中山先生的革命号召，不但出面筹组马来西亚中国同盟会组织，捐钱捐物，还协同黄兴等奔走呼吁筹集革命经费，得到孙中山、黄兴等高度评价和赞许。

邓泽如侨居马来亚时，正值中国国内社会动荡，民不聊生，在国际的地位日益低下。旅外华侨因此遭受到当地政府歧视和压迫，这使邓泽如和同处马来亚的朱赤霓深深感到，非革命中国不足以图强，非革命不能改变旅外侨胞的卑微地位，他们志同道合醉心革命。1907年，孙中山发动镇南关之役，策动清将黄元桢起义，拟攻河内、克云南。起义军急需军饷。孙中山对南洋邓泽如、朱赤霓等爱国华侨早有所闻，就写信让人经越南再转马来亚去找邓泽如，不巧邓外出不在，邓回家后见到孙中山的信，知道来人已经离开该地区，他马上急走数百里直追，追上以后慷慨捐助数千元，以应军饷之急。

镇南关起义失败后，孙中山于1909年2月亲赴南洋宣传革命，邓泽如至此才第一次与孙中山会晤。他从孙中山那里，懂得了许多革命道理，对孙中山更为敬仰。孙中山亦颇器重邓的才干。不久，东南亚英、荷属地的同盟会总会从新加坡到槟城（槟榔屿），孙中山派邓泽如负责党务和筹款工作。此外，孙中山在新加坡筹办《中兴日报》，其招股募捐工作也主要由邓泽如负责。邓泽如对募捐款项来支持革命，始终慷慨奋力，不但自己带头尽力资助还积极策动当地华侨捐款。

1910年11月13日，孙中山在马来西亚槟榔屿（庇能）召开中国同盟会的秘密会议，邓泽如作为芙蓉地区革命党人代表参加了此次会议。邓泽如钦佩和敬仰孙中山，他聆听孙中山对时局以及利害关系的分析，深感振奋，深受鼓舞，孙中山关于全力组建革命武装再次在广州起义的论述令他印象深刻。会议后，黄兴、谢良牧、邓泽如、胡汉民等开始分头深入各华埠开展革命募捐工作。

1910年12月，革命党人赵声按照既定计划开始在南洋华侨中筹款宣传，但走遍新加坡、芙蓉、府坡、马六甲及怡保等地，仍未有华侨响应，很多人对中国革命党人的捐款持观望态度。黄兴听说这个情

况之后，亲自去坝罗拜访邓泽如，请他出来当向导出主意。当时邓泽如的妻子陈氏刚生下第一个儿子，产后又患有重病，但为了筹款支持中国民主革命，他毅然离家去当黄兴、胡汉民等人的向导；陪同他们奔走于马来西亚各地华侨社会。

当时革命党在海外筹款非常艰难。邓泽如放下家庭，放下妻小，放下生意，追随黄兴和赵声一起先后奔走芙蓉、吉隆坡、怡保、霹雳、文明阁、金宝等地，积极筹集起义经费。邓泽如为人乐观豁达、慷慨豪爽，在马来西亚华侨中有很高威望，在捐款演讲中，他往往身先士卒，自己先捐巨款，再号召侨胞捐款，所以大家很敬服，赞扬他："把家里半条夹万（保险柜）的钥匙交给孙中山和黄兴了。"黄兴通过多天的同甘苦、共患难，对邓泽如急公好义、救国第一的品德情操非常赞赏，两人成了革命知音。

在邓泽如的鼓动下，马来西亚各地华侨立即做出反应，其中芙蓉甲必丹有一位叫谭德栋的老华侨，一向蔬食布衣，省吃俭用，但经邓的鼓动，竟将一生节俭购置的物业屋宇，全部拍卖，倾产以助军饷。在各埠华侨的积极支持下，很快便募集了一笔巨款，及时支援了三月二十九日的广州起义。后来，黄兴知道邓泽如的妻子顺利生下一个男孩，这是邓泽如 42 岁得子，一起同行的革命党人纷纷道贺非常高兴。高兴之余，黄兴亲自为邓泽如儿子取名——光夏，其意是："明德之后，必有达人；光复大业，夏声厥灵。"

孙中山从欧洲回中国时，途经新加坡，当船停泊在新加坡时，邓泽如前往会见。孙中山力邀其回国帮忙，准备任以要职，但邓泽如极力婉辞，不愿随行，他认为："本人致力于革命事业，只有所谓义务，并无所谓权利也。"1912 年，孙中山在南京就任中华民国临时大总统，去电南洋促请邓泽如回国，并嘱请他护送自己眷属赴南京，邓泽如以托寄之重，感到义不容辞，遂把南洋的党务工作委托给谭扬，同年 2 月 6 日启程回国。回国后，历任大元帅大本营建设部长、两广盐运使、大本营参议员等职外，仍兼任国民党广东支部长、临时中央执行委员、中央监察委员等职务。

1918 年，邓泽如寿辰时，国民党多位政要人物为他祝寿，由胡汉民起草祝贺信，廖仲恺誊写。贺信中提到黄兴颂扬邓泽如的名言："以言南洋爱国之士，吾必以邓君泽如为巨擘。"孙中山也亲笔题写了"仁者多寿"的匾额送给他。

邓泽如晚年潜心著书，把自己的革命经历及有关的国民党历史材料编成《中国国民党二十年史迹》及《孙中山先生二十年来手扎》等。1934 年 12 月 27 日，邓泽如因病在广州逝世，终年 65 岁，葬于广州市近郊下固冈龙眼洞。

（黄柏军）

黄汉杰

光复江门的爱国华侨

黄汉杰（1869—1938），杜阮松园村西元里（今属江门市蓬江区杜阮镇）人。著名的爱国华侨。1907 年加入同盟会，创立《中国时报》，宣传民主革命思想。民国初期，他奉孙中山之命紧急返回菲律宾筹饷 10 余万元，秘密携带返乡，并到阳江、阳春等地招募兵马。1911 年，参与光复江门。1914 年，为讨伐袁世凯四处联络华侨筹饷支持革命。

　　清光绪三十三年（1907），黄汉杰受孙中山民主革命思想影响，加入孙中山创立的中国同盟会，并被派往香港和四邑地区开展工作。1908年，他奉命前往菲律宾组织同盟会，并创立《中国时报》，宣传民主革命思想，还受孙中山委任筹饷接济革命所需。其间，黄汉杰又在香港和江门、会城地区发展同盟会组织。其中回乡发展了进步青年黄梓、黄文宽、黄渠等加入同盟会，并介绍结识了黄明堂等同盟会首领，黄梓等后成来为在江门、会城地区同盟会骨干之一。

　　1910年，黄梓与黄明堂奉命在杜阮发展同盟会员和秘密组建民军武装组织。仅一年多时间，便在杜阮、棠下等地发展了4000多人的地方武装力量，成立了"明字顺军"，由黄明堂任总统领。杜阮以叶少林、黄梓、叶同登、李兰等为骨干，共发展了民军、三合会会员等700多人。黄梓受任杜阮顺军第一标统领，分三个营分散潜伏在杜阮伺机而动。1911年11月16日下午4时，由黄明堂、黄梓率领的民军由杜阮浩浩荡荡开往江门镇，与其他各路民军汇集，沿途百姓雀跃欢庆、万人空巷。沿街商店燃炮庆祝，欢迎义军入城。而江门清廷官吏和江门巡警局长等早已被民军气势吓倒，纷纷逃离，江门光复，结束了清廷统治。

　　1916年，袁世凯称帝，孙中山筹划讨袁事宜。黄汉杰又奉命急返菲律宾筹饷，并设立南洋筹饷局，筹款支持国民革命。黄汉杰充分利

用在菲同盟会成员和一切关系，发动华侨捐款支持祖国推翻帝制的国民革命斗争。在他的宣传鼓动下，爱国华侨纷纷捐款，仅一个多月就筹集了10余万元，并秘密带饷回国。他还奉命到阳江、阳春等地招募军马，并派任"两阳"（阳江、阳春）游击队司令，组织中华革命党，支援孙中山的讨袁革命和北伐战争。国民革命胜利后，黄汉杰先后任孙中山大元帅府黄埔营留守主任、北伐军华侨义勇队队长、广东实业厅北江矿务专员、北江权度检察局局长等职，为国民革命做了大量工作。

1935年，黄汉杰退休回家乡杜阮松园村，筑"留守园"居，并享受民国二等抚助终身。1938年6月，黄汉杰在乡逝世。至今，杜阮松园西元里尚存有遗址及"留守台"石匾。

（黄煜棠）

陈洵

岭南词派的殿军人

陈洵（1871—1942），字述叔，别号海绡，是潮连乡芝山村（今属江门市蓬江区潮连街道）人。陈洵平生好词章之学，精于词。1911 年，加入南园诗社。1921 年在多宝南横街 2 号设馆教学，名为"思蛤蜊室"，授经史词章之学。后受聘于广州中山大学，任词学教授。

陈洵少有才思，聪慧非凡，少年时曾师从担任过学海堂山长的清朝遗老吴道镕。陈洵自言："30 岁以后开始填词，跟叔父陈昭常所学。"

陈洵年少时，随父在佛山经商，补南海县学生员。青年时曾在江西瑞昌知县黄元直（黄梅伯，陈澧弟子）家坐馆 10 余年。1909 年前后归广州，居城西荔枝湾多宝街，设馆授徒，维持生计，主要教授经史词章之学。

陈洵在广州开馆期间，结识了梁鼎芬、黄节、黎六禾、戴翰风、谭瑑青等名流，众人常雅集西关之黄园相与酬唱，梁鼎芬每称"黄诗陈词"以相勉励。

黄节 1909 年参加同盟会，辛亥革命后为北京大学教授。陈洵一直仰慕其为人，说他"量金身贵，芳华共惜能贫"（《霜花腴》），不仅人才超卓，而且有固穷之节，二人的政治立场也基本一致。辛亥革命后，陈洵受到新潮流的影响，在广州加入同盟会。黄节在南方和章太炎等创立国学保存会，此后，和陈洵一样，参加了当时的革命文化团体南国诗社，同他一起唱和诗词，各得妙理。陈洵每在重阳佳节，"素心惟有独醒人"，说黄节是其最可怀念的词坛密友。

1918 年间，陈洵在海珠戏院结识了广州女戏班中当红名角李雪芳（又称雪娘），一见倾心，旦夕流连，并精心作词 10 余阕以赠。不久，适上海广肇公所为华北水灾募捐，邀请李雪芳北上助赈，雪娘携陈洵词作与俱。适逢南洋烟草公司简照南兄弟宴请集上海文化名人于太古洋行买办甘翰臣（字兆蕃）非园，李雪芳应邀出席，且以陈洵词作示陈散原、朱孝臧等人。

朱孝臧是清末进士，颇擅长诗词，官至侍讲学士、礼部侍郎。陈洵前期词学吴梦窗，把音律和用字放在作词的首要位置，奇丽致密，用事晦涩，而寄托不厚。他读陈洵词风，与自己同调，当即击掌叹赏。后来经李雪芳介绍，终与陈洵结识，互为知己。

朱孝臧推崇陈洵的词风，尤其"神骨俱静，此真能火传梦窗者"。又云："善用逆笔，故处处见腾踏之势，清真法乳也。"并表示极其愿意为陈洵所著的《海绡集》校印。其后复收入《沧海遗音集》，共二卷，付西泠印社印行，黄晦闻为该词集作序，由是陈洵词名鹊噪于大江南北。朱孝臧知陈洵才华之深，不可多得，热诚地推荐他担任中山大学的教授。1929 年，陈洵应聘为词学教授，时年 58 岁。

陈洵对朱孝臧可谓感恩知己，时以未能图报为憾。1930 年夏，陈洵赴上海谒候朱孝臧。画家吴湖帆当即绘《思悲阁谈词图》赠之，以纪其事。陈洵题《应天长》词一阕，朱孝臧亦依韵和之。讵料不数月，朱孝臧溘然长逝。陈洵悲痛欲绝，乃赋《木兰花慢》挽之，此词传诵一时："水楼闲事了。忍回睇，问斜阳。但烟柳危阑，山芜故径，阅尽繁霜。

陈洵像

沧江悄然卧晚，听中兴、琵笛换伊凉。一瞑随尘万古，白云今是何乡？相望。天海共苔苍。弦敛赏音亡。剩岁寒心素，方怜同抱，遽泣孤芳。难忘。语秋雁旅，泊哀弦危柱暂成行。泪尽江湖断眼，马蹄花为谁香？"

　　任教于上海暨南大学的龙榆生（20 世纪颇负盛名的词学大师之一），曾回忆当初的情景："初识述叔先生，徒以不谙粤语，但见其神寒骨重，肃然益增钦挹而已"，这是他对陈洵的第一印象。他在《陈海绡先生之词学》中，曾经评价过两位词家："朱、陈文字相知，观于上述各词，深情可见。在昔朱彝尊、陈维崧，有'朱陈村词'之刻。虽二人并世齐名，而词风各异。不似彊村、海绡两先生之同主梦窗，纯以宗趣相同，遂心赏神交，契若针芥也。"

　　1935 年秋，龙榆生南下广州，任教于中山大学，和陈洵熟络，常常清谈词句。龙榆生对其人品和学问十分敬重："是时学校方迁石牌，而陈洵先生家居市内，相距二十余里……每见其远来授课，扶杖登山，虽逼颓龄，而风神散朗。不甚喜与同人交接。每小时约讲词一二首，时复朗吟，予往往从窗外窃听之。讲毕，迳行返市。予尝至连庆涌边，访翁于所营小筑。……板屋数椽，萧然四壁。翁出肃客，导登小楼。下临小溪，楼前置茉莉数本，案头陈宋儒理学书及宋贤词集若干册而已。清风亮节，于此亦见一斑。予生平不喜刺探朋侪身世，及家庭琐屑，故与翁虽谊在师友间，而所知仅止于此。"龙榆生还曾赞赏陈洵："所谓'岭表宗风'，自半塘老人（王鹏运）倡导于前，海绡翁振起于后，一时影响所及，殆驾常州词派而上之。"

　　1938 年秋，日军侵占广州，广州沦陷，陈洵全家避难于澳门。1939 年冬，陈洵重返故里。1940 年秋，再受聘任教于广东大学，这时，人称陈洵的词洗净铅华，变为素朴。1941 年，他因患喉疾而不复升讲席。陈洵的词早年学吴梦窗，中年以后则掺以周清真词的浑厚和雅，晚年任广州中山大学教授，主讲词学，词作也趋成熟。

陈洵虽然年少离开潮连，但他对故乡总有怀念之情。他给自己取了一个号，叫作"海绡"；又给西关的书室命名为"思蛤蜊室"，又称海绡楼。海绡即鲛绡，蛤蜊为潮连海鲜特产，这些都寄托着他对童年生活的潮连之思念。

1927年，陈洵因思念家乡写下《水龙吟·春来准拟开怀》一词："春来准拟开怀，是谁不放残年去？寒更灯火，断魂依在，严城戍鼓。天北天南，一声归雁，有人愁苦。算寻常经过，今年事了，都休向，明朝语。光景花前冉冉，倚东风从头还数。因循却怕，登临无地，夕阳如故。烂醉生涯，颓然自卧，懒歌慵舞，待鸣难唤起，白头簪胜，尽平生度。"词中，用深刻、悲伤的心绪，写下昔年忙忙碌碌的惆怅时刻，却不能在故乡潮连"春来准拟开怀"。

1929年暮春三月，陈洵自广州归省故里江门潮连，走进洪圣庙，祭拜神威大龙王；走进陈氏宗祠，拜见先祖，求恕自己在往日漂泊的日子里，未能进祠膜拜；在"柳桥唤渡"，幻想着与陈白沙畅谈心学。他与族中名士区錱吾相逢，二人老矣，但按捺不住童年的感觉，话旧于西园。

陈洵晚年阅世既深，经历既富，感慨万端，生性孤峭，但所作词寄托深厚，渐臻高深雅洁，能将万象之心，吐纳于微吟之间，以景寄情，洗练于形象思维之内，运密入疏，浓厚于淡，功力深厚，不见躁笔。可见诸他的代表词作如《长亭怨慢·谭子端家燕巢复毁再赋》《风入松·重九》。这两首词写于20世纪30年代前后，反映出陈洵中年词风的变化，前词以燕巢复毁，写覆巢之燕的危机感，显然关涉时局的动荡及个人身世悲苦。后一首，叶恭绰《广箧中词》评云："沉厚转为

高浑此境最不易到。"词在上阕写自己，早已是惯于重阳节而闭门不出了，独处居室之内，自斟自酌，聊且为欢，回想古往今来之事。何必登高临远呢？表面看来是漠不经心时世的，实则都是故作自宽语，寓含着内心的无限隐痛。下阕点明了这种隐痛之所指，一是自己生性孤傲，不肯随波逐流而致落落寡合；二是老来亲友凋零，重九把盏畅叙，各抒情愫已是难得，登高只能徒增追忆之苦。

一百多年前，经学大家陈澧因应粤音九声的特点，始创南腔吟唱方法。其后，得陈洵、朱庸斋等南方词人的承传和发展，形成词南派唱腔。其特点平声悠扬，上、去声婉转有致。入声短促、激越，韵脚拖腔。门生朱庸斋认为："述叔（陈洵）当为大家，开岭南风气，自海绡出，粤词始得正声。"

陈洵生前曾长期居于广州城西荔枝湾，颜其室曰"思蛤蜊室"，厅堂题名曰"仍度堂"，授徒自给，读书吟咏以自娱。他工于书法，尤擅行草，所出笔力遒健，字态宽博，兼有欧、颜风神，常常咏词行草。

1942年6月，端午后一日，陈洵身体不舒服，未及医院，卒于广州赁所，享年72岁。陈洵遗著现存《海绡词》集四卷，有词作218阕，还有《海绡说词》一卷，内载评论宋代吴文英《梦窗词》66篇。

（曾阳漾）

谭学衡

兴修广东水利的海军大臣

谭学衡（1871—1919），字奕章，棠下（今属江门市蓬江区棠下镇）人，近代中国海军元老，后回乡整治广东水利。谭学衡早年毕业于水陆师学堂，赴英国海军学校深造，曾参加甲午海战，后被任命为海军大臣，官至南京中华民国临时政府海军部正首领。

　　谭学衡的父亲谭国恩为清朝末年进士，曾任工部主事，育有七子，谭学衡为第三子。1885 年，谭学衡毕业于广州黄埔广东水陆师学堂第一期水师班，毕业后赴英国入海军学校深造。回国后，他在北洋海军服役，曾参加中日甲午黄海大战，作战勇敢立功。甲午一役使北洋舰队全军覆没，谭学衡等幸存官兵被朝廷召集到北洋海军处留候差遣。

　　威海战役后，清政府为了复兴中国海军，在 1896 年派谭学衡、程璧光和林国祥等五人前往英国订造"海天""海圻"两艘巡洋舰，谭学衡兼监制，三年后率舰回国。1907 年，他以近代海军元老前辈身份，被任命为海军处副使，后任筹建海军事务处参赞、海军军部副大臣、海军大臣等职。

　　1912 年初，谭学衡被孙中山授以海军正首领，他与唐景崇、沈家本等内阁同僚主张停止辛亥革命内战，反对袁世凯继续对革命军用兵。当年 3 月 30 日，北京政府海军部正式成立，袁世凯重用闽人，任命亲信为海军总长，同时免去谭学衡职务。谭学衡与袁世凯矛盾不少，对权位没有留恋，在工作交接后，便退出官场回乡赋闲家居。1913 年，因在海军的贡献，特授海军"勋三位"。

　　谭学衡回乡后，目睹故乡新会一带水灾严重，于是萌生兴修水利的念头。经过具体筹划，得到当时北京政府资助白银 2 万两。他组织人力，在 1912 年对家乡的天沙河进行疏浚，并在下游猪乸岭到江门白沙一线开挖天沙新河，增开白沙公园下出水口，把天沙河出水口引向江门河下游，以加快泄洪速度。

1913 年 4 月，洪水令天沙河堤围多处崩决，谭学衡与乡绅黄漱泮等共同主持进行堵口复堤的工程。

1914 年 7 月，广东大水成灾。梁士诒在京城发起筹赈及征询治河方案，召集各界公举代表联同旅京人士，呈请民国政府设立机构，疏治广东河流。谭学衡因治水经验丰富，被任命为广东治河事宜处督办。当年 12 月，谭学衡抵达广州，设立了广东治河处。先后聘上海浦江浚河局总工程师海德生、工程少校柯维廉（两人均为瑞典籍）任治河处总工程师，率领工程技术人员赴西江河道进行勘测。

1915 年 7 月，广东的东、西、北江水同时暴涨，北江、西江溃堤，洪水直泻珠三角，史称"乙卯洪灾"。新会天沙河也在此次洪灾中围堤崩决，潮连、龙溪大堤也均告崩决，田舍被淹，水患严重。洪水过后，谭学衡回到新会处理善后，提出加固河堤方案，主持开挖天沙河旧社（今蓬江区里村）至沙仔尾河段疏浚拓宽工程，又决定在天沙河上出水口耙冲处兴建水闸，并在 1917 年请治河处的柯维廉帮助设计施工，建成宽 14.9 米的三孔耙冲水闸。水闸建成后，西江洪水高涨时不再从江门河倒灌入天沙河，降低

谭学衡像

了内河水位，减轻天沙河两岸堤围抵御西江洪水的压力。谭学衡与柯维廉复勘西江河道，拟定治理西江的五项措施：一是阻遏水流；二是疏浚河身；三是分泄水势；四是修缮基围；五是整顿下游。写成计划分期实施工程整治。

"乙卯洪灾"后，谭学衡带领工程人员继续勘测珠江、东江、西江和北江水域，对全省河道进行测绘。还勘查了梧州等地的西江上游地理环境，提出《西江防潦条陈》并上报广东省政府。意见书内容有四项：一是测量江口至梧州水道；二是设水文测候机构；三是修缮大基围；四是设立基围建筑维持会。还列出各河道、港口、围堤的整治改良方案，拟定各江流域防涝植林、修筑围堤和开凿新河的治水计划。谭学衡为日后治理广东河道打下基础，是广东治水的功臣。

谭学衡为广东省河道和家乡治水劳累过度，于1919年7月病逝于江门北街医院（江门中心医院前身），终年48岁。

（华夏）

朱赤霓

兴办家乡教育、民族工业的归国华侨

　　朱赤霓（1877—1943），字紫绶，出生于马来西亚，祖籍新会丹灶乡肇恒里（今属江门市蓬江区环市街道）。1910年加入中国同盟会，奔走于南洋各地发动华侨捐款，为广州起义和讨袁运动筹集军费，成为孙中山的挚友。曾先后在广东矿务处、盐运使署任职。他热心家乡公益事业，捐资建丹灶乡善堂，兴办丹灶小学，出任西江乡村师范学校董事会主席。

朱赤霓　兴办家乡教育、民族工业的归国华侨

朱赤霓父亲朱乙藜旅居马来西亚巴罗端洛埠。朱赤霓有兄弟三人，他居长，二弟名祖绶，三弟晋绶。朱赤霓6岁时，父亲带他回国，在丹灶乡读书。

1891年，14岁的朱赤霓经族兄朱竹铭介绍，去广州杉木栏广祥号做后生（学徒）。1894年，应族兄的邀请，朱赤霓重赴南洋。最初，因为新加坡七家头（七家头是广祥、恒生、广生、广恒、有兰、罗奇生、广兰），朱广兰等是肇恒里的同族，于是朱赤霓得以在广祥号当内柜

朱赤霓像

（管钱的职务）。因他怕理财，便转管绸衣（布匹）业务。不久，又转去马来西亚的芙蓉埠（森美兰）的广生树溶园（即橡胶园）。因工作勤奋，擢升为司理，并在当地经营锡矿，积累了种橡胶和开采锡矿的丰富经验。

朱赤霓与当地华侨商人邓泽如交往甚深，二人有共同的爱好。那

97

时，孙中山正在南洋宣传革命，与他们结识并向他们传播了民主革命的思想。

孙中山最后一次抵槟城，是 1910 年 7 月 19 日，他已将中国同盟会南洋总机关部，从新加坡搬到槟城，槟城遂成为华侨革命的总枢纽。但是，国内一连串的起义失败，以及同志们的殉难牺牲；面对各国打压及清廷的追缉，孙中山的处境更艰难。邓泽如、朱赤霓等人都为孙中山先生打气，让他看到了海外华侨的星星之火。同年，由邓泽如做介绍人，朱赤霓率先加入同盟会，并和孙中山成为挚友。

1910 年 11 月 13 日，庇能会议在柑仔园门牌 400 号召开，会议决定以新军为骨干，组织"五百先锋"，在广州发动起义。孙中山在邓泽如和朱赤霓等人的支持下，紧接着于 15 日在打铜街 120 号槟城阅书报社召集会议，讨论发动新军起义的有关问题，并发表筹款演说。与会同志深受触动，当即捐得 8000 元银圆。会后，赵声先行回香港策划；胡汉民、黄兴分赴新加坡、缅甸筹款；朱赤霓和邓泽如在当地组织"英荷两属革命同志联合会"，奔走于南洋各地，发动华侨捐款，筹集军费支持广州起义。

1914 年，全国掀起讨袁运动，海外侨胞纷纷响应。朱执信等人奉孙中山之命往马来西亚的怡保，为讨袁筹款。参加者有周之贞、郑螺生、区慎初、邓泽如、李原水、朱赤霓和谢八尧等 10 人。朱赤霓与邓泽如、郑螺生等积极发动当地华侨，募捐得巨款来支援讨袁运动。

1920 年，马来西亚当局突然以禁止政党活动为借口，驱逐朱赤霓出境。迫不得已，他给孙中山去信。孙中山即回电，同意他回国。回广州后，朱赤霓住省财政厅处。孙中山很开心见到他，经常交谈，听取他对中国社会的看法。这一年，朱赤霓的母亲叶氏夫人逝世。孙中山为其母亲书写墓碑："朱府叶氏夫人墓 民国九年六月孙文题"（该墓碑于"文革"时被毁，残碑现仍在肇恒里）。朱赤霓的长子嘉祥结婚时，孙中山又以泥金红纸亲书："宜尔子孙"四字为贺。据传，朱赤霓的长孙在勤，也是孙中山为他取名的，取民生在"勤"之意。

1922 年，孙中山感于朱赤霓对革命的支持，先后任命朱赤霓为大元帅府顾问、国营实业委员会委员、两广盐运使署省河督配局局长。朱赤霓任职期限很短，却帮助孙中山处理了不少纠葛事情。

这一年，陈炯明叛变，炮轰总统府。朱赤霓的孙子朱在行曾经在《朱紫绶：追随国父革命 献身实业救国》文章中说起："……祖父将仅存的数千大洋交给孙中山。后来，孙中山去了上海，祖父也去香港，与邓泽如一起，数月内，筹得军费 40 多万，有力支援了孙中山讨伐陈炯明……"

朱赤霓再次提出建立自己军队的想法。在摧毁陈炯明的"叛变"部队以后，孙中山汲取朱赤霓的建言，开始着手为建立军队做考虑，这也是 1924 年成立"中国国民党陆军军官学校"（黄埔军校）的前因。

之后，朱赤霓跟孙中山说："希望有能人上位，当好总统的顾问，弟，想回新会老家看看。"此后，他欣然功成身退，回到老家肇恒里。孙中山不忘朱赤霓的友情，在其新居落成时，送上两棵名贵的丹桂树，祝他家运兴旺，年年"贵"花开。

1924 年，朱赤霓应堂弟朱巽行的邀请，在江门书院路广恒烟庄任总经理，兢兢业业地打理朱家"七家头"的烟庄。不久，朱赤霓在江门工商界的商民协会，选为常务委员。他热心家乡公益事业，捐资建丹灶乡善堂，兴办丹灶小学。

1927—1928 年，由他发起，并向海外广大华侨乡亲募资集股，建设由江门的白土至鹤山县雅瑶玉岗的江佛公路第四段。公路建成后购买了汽车 10 多辆，组成利行行车公司。朱赤霓还出资建了丹灶乡 3 座凉亭及避雨亭，补存了新会一带的乡俗文化，让路人"行道有福"，可以累了坐在亭中休息。

朱赤霓不遗余力兴办教育，曾与海外乡亲集资在故乡兴办新会县第三区第一小学校（前身是设在普济善堂的振民小学），聘请当时的进步人士冼凤楼当校长。又发动朱泽林等华侨在丹灶肇恒里捐办了一间叫"圣功"的小学校。学校组建学生军，提倡宣传抗日。朱赤霓主张和邀请岭南大学的毕业学生，来培养乡村学生的素质。所以开办以来，成绩卓著，造就不少人才。该校毕业生考取当时著名中学者甚众，升学率颇高。由于这间学校采用新的教学方法来提高教学质量，改变了旧有私塾死读书的传统，影响所及，木朗、杜阮、井根、篁庄、石头等乡亦相继办起这种新式小学，推动了新会地方教育事业的发展。

当时，在孙中山的《建国方略》和《实业计划》影响下，朱赤霓对兴办民族工业也抱有极大的热忱。1932年，陈济棠应肖佛成等建议，开发琼崖实业，在海南岛海口设立"广东省建设厅琼崖实业局"。邓泽如、肖佛成等推荐采矿、种胶经验丰富的朱赤霓为该局局长，兼任设于海口市的省营糖业部第七仓主任。就任伊始，朱赤霓即到各地调查，锐意开发好琼崖（海南岛），计划在东路（文昌、嘉积、澄迈），根据气候环境，发展垦植，引种香茅、胡椒、橡胶；在西路（那大以远）则进行勘探和开采锡矿、铁矿。他委派技士冼麟生（其女婿）进行艰苦的考察，勘查出不少矿产资源，制成第一手资料。这是海南岛有史以来首次的科学调查。朱赤霓采取各种优惠政策，规定可廉价购地垦荒，以此发动和组织华侨集资参加开发。其中设在那大的万发公司规模最大，先后开采矿藏18个之多，可惜后来均被日寇所毁。

1933年，广西贺县水岩螟的锡矿场经营不善，李宗仁恳请朱赤霓赴桂接办。朱赤霓查勘了当地资源，遂议定由广西出地，华侨集资，组成合营性质的贺县水岩螟贺成锡矿有限公司，在国内首次引进机械开采锡矿。由于该公司经营有方，获利 10 多万元。在该公司业务发展的推动下，数年间，富川、贺县、钟山地区掀起采矿高潮，机械采矿公司纷纷成立，促进了该地区工业经济的发展。1935 年，该公司因八步矿源采竭，朱赤霓便再向海外华侨筹集资金 19 万元，组建钟山锡矿有限公司，朱赤霓任董事长。至 1938 年，矿场受水淹，且日寇又侵陷广东，石油供应短缺，于是停产。

朱赤霓回到海南，希望开发新的矿场。1941 年，他和方干谦、绥靖公署委员陈泽光等六人组成探矿队，对昌江、感城、儋县、琼东、定安、陵水、乐会等县和五指山水满峒等地进行金、银、铜、锡、硫磺、石灰岩、石墨等矿产调查共 16 处，并编著有《调查琼崖矿产报告书》。

但是，海南的矿产被日本人觊觎，企图占有，国民党政府却一再妥协。朱赤霓看到此景，却无缚鸡之力，伤心之际，迫不得已，避居澳门，住罗利老马路。

1942 年，朱赤霓再次接到李宗仁的邀请，从澳门重返广西，筹划钟山锡矿公司的复产。1943 年 9 月 14 日，因心脏病发作，朱赤霓于矿场去世，终年 66 岁，葬于广西贺县水洲寨附近。其子孙为了寄托哀思，在现在的江门市蓬江区状元山陵园，修筑了朱赤霓的衣冠冢。

朱赤霓秉性诚恳正直，不畏权势，不以权谋私，没有积聚到什么家财。他逝世后，仅遗乡间房屋一幢。钟山县水洲寨村长刘显荣，以前曾在朱赤霓的矿产公司任职员。他回忆说："朱先生人缘很好，在锡矿任内，征地开矿，征地费，均按当时规定付给农民，从不贪为己有，朱先生，我们当地人都敬重他！"

（曾阳漾）

陈 垣

教书 74 载的"国宝"大师、史学巨擘

陈垣（1880－1971），字援庵，又字圆庵，棠下石头村（今属江门市蓬江区棠下镇）人，中国杰出的历史学家、宗教史学家、教育家。先后创建广州光华医学专门学校、北京孤儿工读园、北京平民中学；曾任国立北京大学、北平师范大学、辅仁大学的教授、导师，1952 至 1971 年，任北京师范大学校长。主要的著述有《元西域人华化考》《校勘学释例》《史讳举例》及《通鉴胡注表微》等，另有《陈垣学术论文集》行世。

陈垣像

陈垣出生于一个药商家庭。少年时，他受"学而优则仕"的儒家思想影响，曾参加科举乡试考试，未中。次年废科举考试。

1898年，年仅18岁的陈垣在广州一家蒙馆第一次登上讲台，因为文采出众，被请来教书。开讲头天，他贴出告示，"不打板不体罚"，语惊四方。

1905年，在孙中山领导的民主革命影响下，陈垣和几位青年志士在广州创办了《时事画报》，以文学、图画做武器进行反帝反清斗争。1906年，陈垣因躲避清政府追捕，回到新会郊外（今江门市蓬江区篁庄）的篁庄小学教了半年书。他是那个小学堂里最新潮的老师，国文、算术、体操、唱歌……都是很新鲜的课程，学生们很欢迎这个从广州来的新老师。

1908年，陈垣抱着"唯有科学发达方能使中国摆脱落后"的想法，与友人一起创办了广州光华医学专门学校。取名"光华"，寓意"光我华夏"，这是中国第一所民办西医高等学校。陈垣不仅是创办者，也是第一届毕业生。

1911年辛亥革命爆发，陈垣和康仲荦创办《震旦日报》，积极宣传反清思想。1912年，陈垣被选为中华民国众议院议员。后因政局混乱，他以"经世致用"为宗旨，弃政从教，潜心于治学和教育，将学术研究和教育事业作为终生奋斗目标。

陈垣没有受过正规的史学教育，全靠自己的勤奋，著作宏富、成就斐然。在中国宗教史、元史、中西交通史及历史文献学等领域的研究做出了开创性的贡献，成为世界闻名的史学大师。陈垣与陈寅恪并称为"史学二陈"，二陈又与吕思勉、钱穆并称为"史学四大家"。他的许多著作成为史学领域的经典，有些被翻译为英、日文，在美国、德国、日本出版。20世纪20年代，在中国国际地位还很低的时期，他就被中外学者公认为世界级学者之一，与王国维齐名。

陈垣在年轻的时候，就熟读《四库全书提要》与张之洞的《书目答问》。辛亥革命后陈垣到了北京，曾花很长时间研究《四库全书》。他研究《四库全书》与别人不同，别人只是要看什么书到《四库全书》中去找，陈垣却是研究《四库全书》收编的书是如何写成的，它有哪些版本。经总结梳理，他写成《四库书名录》《四库撰人录》两部书。

陈垣曾在一段时期内信仰宗教，故从1917年开始，他发奋著述中国基督教史，于是有《元也里可温考》之作。陈垣认为，中国基督教初为唐代的景教，依次为元代的也里可温教、明代的天主教、清以后的耶稣教。所谓"也里可温"，是元代基督教的总称。元亡，也里可温也绝迹于中国。但作为宗教史来说，它又是世界宗教史的一个组成部分。陈垣这一著作不但引起中国文史学界的注意，也受到国际学者和宗教史研究专家的重视。此后，他又先后写成专著《火祆教入中国考》《摩尼教入中国考》《回回教入中国史略》。

在研究宗教史的同时，陈垣还注意研究元史。他研究元史与前人不同，着重搜集有关元朝民族的历史与元朝宗教的历史资料进行研究。从事《元典章》的校补工作，他采用了 200 余种有关资料，写成《元西域人华化考》一文，在国内外史学界获得高度评价。在研究《元典章》的过程中，陈垣曾用元刻本对校沈刻本，再以其他诸本互校，查出沈刻本中伪误、衍脱、颠倒者共 12000 多条，于是分门别类，加以分析，指出致误的原因，1931 年写成《元典章校补释例》一书，又名《校勘学释例》。日本研究元史的学者，对陈先生很钦佩，他们承认《元西域人华化考》《元也里可温教考》这两部书日本人是研究不出的。

陈垣在校勘学、考古学的成果还有《旧五代史辑本发覆》《二十史朔闰表》《中西回史日历》等著作。他阅读了大量宋人、清人有关避讳的述作，并广泛收集引用了 100 种以上的古籍材料，写成《史讳举例》一书，"意欲为避讳史作一总结，而便考史者多一门路、一钥匙也"。

文献学在陈垣的学术生涯中，占有重要的地位。从某种意义上说，他为现代历史文献学的建立奠定了基础。陈垣在版本、目录、校勘等领域的著作，成为我们研究中国古代文史的重要参考书目。陈垣在研究历史文献的时候，非常注重研究目录校勘和工具书的使用。目录学是搞学问的门径，是掌握书目、书的内容、版本以及相关书目的一门学问。他认为，要做学问，必须掌握目录学。

他还利用史学研究作为武器，连续发表史学论著，抨击敌伪汉奸，显示不屈不挠的民族气节。在抗战期间，陈垣连续写成《南宋河北新兴道教考》《明季滇黔佛教考》《清初僧诤记》《中国佛教典籍概论》等宗教史论文及《通鉴胡注表微》，都含有讽今喻世、抒志表微的用意。

陈垣也是一位大教育家，一生从事教学 74 年，先后创建广州光华医学专门学校、北京孤儿工读园、北京平民中学。教过私塾、小学、中学、大学，曾任国立北京大学、北平师范大学、辅仁大学的教授、导师，为祖国培养了大批栋梁人才，桃李满天下。他对教学极端负责，引进先进的教育理念，创立了不少新课程，沿用至今。

1926 年至 1952 年，陈垣任辅仁大学校长，其间他还担任过京师图书馆馆长、故宫博物院图书馆馆长。1937 年卢沟桥事变爆发后，北平被日军侵占，陈垣身处危境，坚决与敌斗争。在大学讲坛上，陈垣讲抗清不仕顾炎武的《日知录》，讲表彰抗清英雄全祖望的《鲒埼亭集》，以此自励，亦以此勉励学生。

1948 年，陈垣当选中央研究院院士。1949 年中华人民共和国成立，他已 69 岁，先后担任中国科学院历史研究所第二所所长，历任第一、第二、第三届全国人民代表大会常务委员会委员。在掌握了丰富的历史知识后仍不懈深入研究，陈垣很快接受了新事物，之后的 10 年间，先后写了 20 多篇短文，有《陈垣学术文集》行世。1951 年 11 月，全国政协一届三次会议后，毛泽东在中南海怀仁堂举行国宴，与陈垣同席。毛泽东向别人介绍说："这是陈垣，读书很多，是我们国家的国宝。"1952 至 1971 年，任北京师范大学校长。1959 年，79 岁高龄的陈垣加入了中国共产党。1971 年 6 月，陈垣逝世。

（秦有朋）

施见三

传播先声的进步报人

施见三（1881—1964），字文灼，出生于里村（今属江门市蓬江区环市街道），后移居新会会城。著名报人，为人正直，爱国，博学多才，淡薄名利。一生从事新闻事业和教育事业。曾任第一届至第四届新会县政协副主席。

施见三出身书香人家，其父施鲁舆是晚清有名的塾师，在会城设帐授徒。施见三有兄弟姐妹八人，他排行第七。长兄施琼波，以刀笔为生。次兄施雨崖，是前清秀才，亦以教书为职业，是新会知名的教育家。施见三18岁时，考中晚清科举最后一科秀才，从此投身于教育工作，后又走上报坛。他为人正直、爱国，博学多才，从不盲目排斥、抗拒新思潮，一直随着时代前进，追求进步。

施见三像

施见三淡泊仕途，而有志于教育，想通过改革旧教育建设新教育来改造社会。他初在里村初等小学堂和大泽等乡村任教。1900年后，他在会城城郊何家大塘蕴华小学堂任教。其间，他编写了不少教材在会城地区印刷发行。其中有三篇《清醒信札》《应世杂文》《简明珠算》为信札、应用文、珠算教材，被广东省和上海一些书店翻印出版，发行全国。

辛亥革命后，施见三冲破封建思想的束缚，推广女子教育。他与其兄施雨崖一起创办第一所女子学堂——坤元女子学堂（后改为县立女子师范学校），他不受薪给，充当义务教师。

此后20余年，他在会城、江门各中学、师范学校任教，坐言起行，教诲后进，循循善诱，殷勤培育大批人才。他授课深入浅出，容易为学生接受。施见三在蕴华学堂讲历史课时，吸引不少校外群众聚在课室外面旁听，一时传为美谈。

施见三在新会县立师范学校教书时的学生钟华曾经回忆："施老师穿着长衫布鞋，一口标准的新会本地话。他上课时不带课本，常常背诵一段课文后就慢慢讲解。施老师是不苟言笑的严师，凡古语典故，都尽量讲解清楚。听他的课，像听有趣的故事，非常动人，很少有交头接耳。他十分看重学生的作文作业，课卷看了之后，都一一做了批语，因而同学们谁也不敢马虎。施老师博学强记，同学们大受感染，背诵古文成为一种风气，谁也不甘落后，不敢偷懒。授完一课，大家很快背诵了。不少名言警句，我几十年后都能默念出来，非常受用。"

施见三非常重视培养学生的爱国主义思想。当他讲授"鸦片战争"时，带着学生们到蕴华学校的礼堂，指着礼堂上悬挂的大匾额，说："你们知道这匾额上的三个大字是谁写的吗？这就是林则徐亲笔写的。你们看字体笔力，遒劲秀拔，正气凛然，真是字如其人啊！我们要爱国，我们要反帝，我们要中国富强！"

1949年以后，施见三曾经劝挚友黄轶群不要出国，留在国内，发挥他的教育所长。后来黄轶群由哥伦比亚回到江门，时任新会县冈州中学校长。他还教导学生也是他的女婿何坤巽相信中国人民解放军宣言的号召，回到人民的怀抱，要他"叶落归根，要回归祖国"，并介绍他到新会私立冈州中学任教师。

1872 年，在伍廷芳等人鼓励下，新会人士陈霭亭在香港创办了《华字日报》，强调新闻应"至新至真"，在言论上更突出中国人的意识。此后该报风行南粤，一直存续到 1941 年日军占领香港。新报新知如星火燎原，从海外到本埠，广启民智，移风易俗。1909 年，《华字日报》广聘特约撰述员，其中就包括何琴樵、施见三。施见三教学之余兼任该报特约撰述员，这是他踏进报业门槛的第一步。

辛亥革命时期，施见三与何琴樵在新会大新路借用伦氏仰德祠，合作创办以唤醒民众为宗旨的《醒报》，开创了新会报业的新纪元。他们编写一些地方新闻、时事评论和灯谜等，印成一张八开传单式小报。时任县长李孟哲原是记者，对这份报纸很感兴趣，鼓励他们充实内容，每天出版。1912 年冬改名为《新会醒报》。初时每天送稿到江门印刷店付印，后筹款购买印机铅字，在文明印务局自行印刷。因有了销路，就把篇幅扩大一倍，成为四开型的报纸，成为新会第一份日报。直至 1915 年初，因施见三教学无暇兼顾而停办。

1934 年冬，施见三任《五邑民权报》（后改为《民权报》）编辑。他撰文述说，立论公允，思想倾向进步。抗日战争爆发前夕，中共江会组织通过统战关系，取得施见三同意，在《民权报》副刊开辟园地，刊登《春天》周刊专栏。从 1937 年 5 月起至次年 1 月，共刊出 29 期专栏文章，宣传抗日救亡。后为鼓舞民众抗日情绪，施见三支持出版副刊《葵风》周刊。1939 年江会沦陷后，该报停办。

施见三为人处事严谨，生活简朴，作风正派，从不向恶势力低头。日本帝国主义侵华后，新会沦陷，学校停课。断了生活来源，施见三的家又先后被贼人抢劫三次，一家人陷入绝境。但在这种情况下，他仍然不忘国家和民族。施见三积极动员年龄最大的儿女和女婿、媳妇北上参加抗日救亡，身边只留下年龄最小的儿女。

后来，日本人要他做会城维持会长，他坚决不干，只有到处躲避。自新会沦陷至日本投降的几年里，施见三逃遍新会农村，及开平、鹤山、澳门等地，忍受着失业、挨饿、有家不能归的痛苦，坚决不当日本帝国主义的走狗。生活虽然困苦，但他始终保持民族气节，每到一处都受到当地人的欢迎。在三埠、址山等地时，施见三应《开平日报》的邀请，执笔撰写社论针砭时弊，他对旧社会的黑暗腐朽现象深恶痛绝，常仗义执言。

1943年9月，新会地方实力派赵汉俊创办《新会周报》，施见三任总编辑。后在他建议下，增聘其学生钟华为副总编辑。后来经改版，报纸面孔一新，适合读者需求，获得喜爱，销售翻番。可惜后因日寇入侵而停刊。1945年10月，赵氏集团经营的《民权报》在江门复刊，施见三仍任总编辑。

抗日战争胜利后，施见三对国民党不顾人民死活，发动全面内战和横征暴敛，极度不满，大胆提出废止征兵征粮，要求减租减息，抨击贪官污吏以及遍地烟赌等弊政。呼应了当时中国共产党领导的人民游击战争和"反三征"（征兵、征粮、征税）运动。当中，他还发表了多篇欢迎解放军和安定民心的社论。

施见三根据采访主任刘适文的新闻报道，写出《复员中第一急务》社评。他指出："农村不安定，即社会永无安定的一日。救济物资，必须按当地情况，对城市及农村妥为划分运用。豁免田赋，务须彻底执行，实行减租减息，保护佃农，改善农民生活。"后来，施见三站在关心民疾的立场上，大胆抨击国民党的弊政，写出《谁是纵容明目张胆的贪污者》《贪污风气如何铲除》《严办掳人当兵》《论废止征兵征粮》《武装部队包烟》《火速制止政府领导市场涨风》《征实舞弊切实查禁》等社评。他在《为水灾农村呼吁》及《沙田区巡礼之感想》等社评中一针见血指出，国民党造成农民痛苦生活的原因。

1947 年 4 月 30 日，江门《复兴报》被控"言论左倾，为奸匪张目"罪名，遭封闭。施见三即以新会县记者公会理事长身份向县政府交涉，组织报界代表到县政府请愿，并在《民权报》发表社论，题为《为〈复兴报〉呼吁》，揭露当局扼杀民意，钳制舆论的专制行为。得到社会各界同情和支持，《复兴报》终于解封复刊。之后，他还以社会知名人士身份，使《民权报》副总编辑钟华避免国民党军政当局的侦查；保护平山小学进步教师李达生免遭解职；在中华人民共和国成立前夕，致函新会县长释放一名在押的民主人士。

抗日战争胜利后，施见三继续在《民权报》任总编辑。直至 1950 年 3 月 18 日，江门解放五个月后，《民权报》自动宣布停刊。至此，施见三才结束他一代报人的生涯。施见三曾发表一篇社评《报人怎样报国》，指出："凡所论述，当以国家为前提，其有利于国家者，宜导之、鼓舞之，其不利于国家者，攻击之，排除之。"这就是他办报的立场。他连续 20 年撰写的社论、社评和专文至少三四千篇以上。

1950 年，施见三被选为新会县第一届至第五届人民委员会委员。1956 年，新会县政协成立后，他连续担任第一届至第四届新会县政协副主席。76 岁以后，他担任新会县修志委员会、文史资料委员会副主任，任内编写的文稿也有几十万字之巨，享受盛誉，受人尊敬。1956 年，新会县委书记党向民派施见三到县内各乡村收集了大量文物，在此基础上筹建博物馆。

1963 年冬，施见三受邀给新会数十名小学生们讲新会的乡土历史。他当时已患重病，仍忍着病痛在厅堂讲课，把中华人民共和国成立前的新会和成立后的新会作鲜明有力的对比，鼓舞学生们热爱祖国、热爱共产党。这次讲课是他最后一次讲课，数天后，便与世长辞了。

1964 年 1 月 5 日，施见三病逝，终年 83 岁。新会人民惊闻噩耗，十分哀悼，出殡时追悼送丧者数百人。香港报纸也有报道，旅港亲友学生还在港地举行追悼会，足见人们对施见三老师的尊敬。

（周怡敏）

陈焕镛

中国植物学界的先驱

陈焕镛（1890—1971），字文农，号韶钟，祖籍潮连（今属江门市蓬江区潮连街道），生于香港。著名植物学家，中国近代植物分类学的开拓者和奠基者之一，中国科学院院士，中国科学院华南植物研究所首任所长。抗战期间，他历经艰险保全了 7 万多号珍贵植物标本，为我国植物学研究得以延续。后创建我国第一个植物研究所、标本馆，编纂了我国第一本植物志，建立了我国第一个植物园。1935 年在第六届国际学会上被选为分类组执委和植物命名法规小组副主席，奠定了我国植物学在国际上的声望与地位。

　　中华人民共和国成立以前，中国植物学落后于世界。中国人研究本国植物往往要从散见于各国的各种文字书刊中搜集文献，要到外国博物馆、标本馆参考中国植物的模式标本。1919 年，陈焕镛获得美国哈佛大学林学硕士学位后，有感于中国植物学研究落后于世界，立志改变这种状态。

　　陈焕镛学成归国后，当即前往海南岛五指山地区采集植物标本。

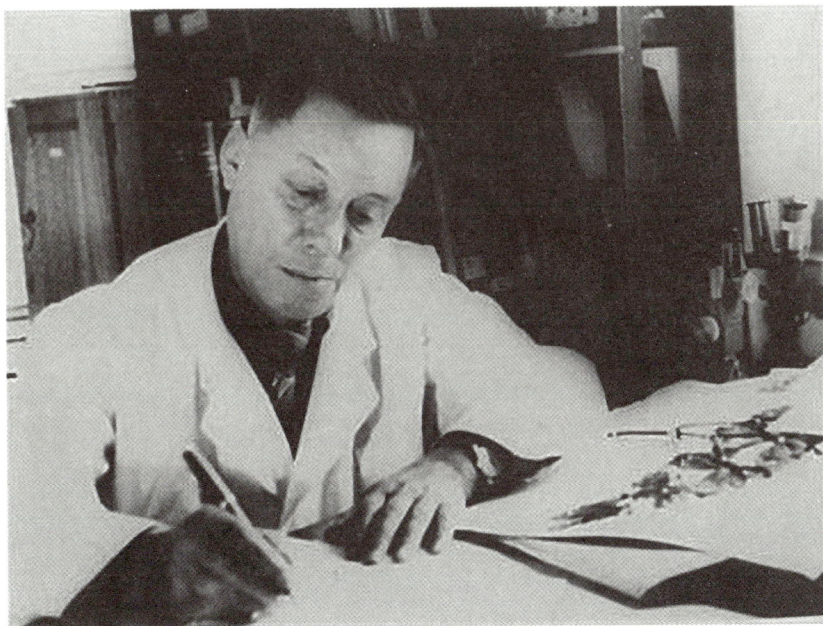

陈焕镛工作照

当时，海南岛山区瘴气弥漫，环境恶劣，陈焕镛在采集标本时跌伤手腕，又染恶性疟疾，但仍坚持带伤病工作。经过 10 个月的采集考察，他发现了不少新植物，并采集了大量的珍贵标本，海南岛丰富的植物资源从此为世人所知。

此后，陈焕镛先后在金陵大学、东南大学、中山大学任教，为中国的植物学培养了大批人才。他重视实践，前往湖北、广东、香港、广西、贵州等地采集标本；创建中山大学农林植物研究所、广西大学经济植物研究所；发表了 100 多个新种、10 多个新属的植物，其中木兰科孑遗植物"观光木属"和裸子植物"银杉属"在植物学分类上有重大意义。

20 世纪 30 年代初期，香港有一命案，死者经解剖检查，发现体内有树叶之残渣碎片。但香港地区无人能识别此种植物，使得法院无从判案。后警方求教于陈焕镛，方知是剧毒藤本植物胡蔓藤（又名大茶药）。经过此次事件，陈焕镛在植物学上的精深造诣扬名省港。

1935 年，陈焕镛应邀出席在荷兰召开的第六届国际植物学会，被选为该会分类组执行委员会和植物命名法规小组副主席。1936 年，英国爱丁堡植物园苏格兰植物学会特聘他和胡先骕为该会名誉会员。

陈焕镛学术造诣极高，亦有拳拳爱国之心。1938 年，广州沦陷，他冒着杀头的危险，在日本军阀的铁蹄下把 7 万多号标本全数运到香港，存在九龙码头围道陈家寓所内，并自己出资在此设立该所驻港办事处。1941 年，日军侵占香港，植物所驻港办事处遭日军包围搜查，由于标本、图书均有国立中山大学标志，被视为"敌产"，办事处被日军查封。危难当头，陈焕镛本可逃离香港，但他不忍心积累 20 余年的标本、图书被日寇掠夺，不愿中国植物学蒙受损失，对同事说道："只有物亡我亦随物亡，物存未敢先求去！"几经波折，1942 年 4 月底，

陈焕镛将存港标本运回广州，安置在康乐广东大学（原岭南大学）校园内，研究所更名为广东植物研究所，他仍任所长，兼广东大学特约教授。

陈焕镛为保护珍贵标本、图书，不顾个人安危多次奔波于穗港之间，保护科学财产得以周全。抗战胜利后，陈焕镛却被诬告，蒙受不白之冤。多名教育界、法律界知名人士出于正义感，联名上书，陈述事实，为其担保。1945年，中山大学农学院院长邓植仪给中山大学校长王星拱的报告中写到："该员忍辱负重，历尽艰危，完成本校原许之特殊任务——保存该所全部文物，使得我国植物学研究得以不坠，且成为我国植物研究机关唯一复兴基础，厥功甚伟，其心良苦，其志堪嘉。"1947年，当局以"不予起诉"了结此冤案。

陈焕镛精通英语、德语、法语和西班牙语，尤对拉丁语造诣尤深。为帮助中国青年植物分类学工作者学习拉丁语，他编写了《中国植物分类学拉丁语基础》，又选辑了《植物拉丁语例句引录》。他所写的科学论文，拉丁文描述用词确切，文笔流畅，以简洁的词句在最短的篇幅中表达出丰富的内容，这种科学文字上的造诣，绝非一日之功，深为国内外同行所称颂。

1951年，陈焕镛受中国科学院的委托，任中国代表团团长，出席在印度新德里召开的"南亚栽培植物起源与分布"学术讨论会。他用实际行动践行了青年时代立下的改变中国植物学研究落后面貌的志向。1955年，陈焕镛被选聘为中国科学院学部委员（院士），担任《中国植物志》编辑委员会第一任主编，领导主编了《中国植物志》《广州植物志》《海南植物志》等专著。

陈焕镛好学博览，不但精于植物专业，对西洋古典文学亦潜心研读。在哈佛大学读书期间，他大量阅读了图书馆里的世界文学名著，工作之余，常背诵莎士比亚隽永的词句。他写的英文诗，寓意深而语音谐，修辞精练且极优雅。他学识渊博，言词幽默，其演讲与授课经常能引起现场掌声雷动。如在金陵大学执教时，因为该校为教会创办，每周必循例有一次圣经布道班，全校师生都要参加。一次，校长邀陈焕镛到班，让他作一场"宗教与科学"的专题演讲。但陈焕镛绝口不谈圣经之道，反而畅谈森林之优美，其讲题为"Beauty of forestry and poetry"（森林与诗之美），而且采用流利的英文，演讲引人入胜，轰动全场。现场掌声不绝，其才华让在座之外籍教师都油然起敬，校长亦为之动容，会后竟然公布从此取消每周例行的圣经布道班，以学术讲演会取代之。

1971年，陈焕镛在广州逝世。

（华夏）

容祖诰

建设公路 50 余年的公路工程专家

容祖诰（1889—1972），字百峰，荷塘镇良村（今属江门市蓬江区荷塘镇）人。公路工程专家。从事铁路、公路、桥梁工程技术工作 50 多年，著有《公路桥梁工程与养护常识》《广东公路发展史》，为我国公路工程建设做作出了贡献。

1916年，容祖诰毕业于北洋大学土木工程系。历任山东烟台海坝工程会监工、云南个（旧）临（沧）铁路第三工程段段长、辽宁四洮铁路工程师、黑龙江呼海铁路工务总段长、浙江省公路局缙百公路主任、江南铁路总工程师、川湘铁路和京赣铁路副总工程师等职。

1938年8月，容祖诰任广东省公路局总工程师、省公路处代理处长。随后任滇缅公路总工程师、新印交通勘察团副总工程师、公路总局专门委员、交通部广州特派员办公室工程师、公路总局广州办事处副处长、广东省公路处处长、第三区公路局总工程师等职。他对国内铁路、公路建设，尤其是抗日战争时期滇缅公路在日本飞机滥炸情况下，保证军用物资的运输做出很大贡献，因而得到国民政府10万元奖励。

中华人民共和国成立后，容祖诰先后任广东省军管处及交通部华南公路修筑指挥部总工程师、广东省公路处处长、交通厅总工程师、交通厅副厅长兼总工程师、广东

容祖诰像

省人民委员会委员，又被选为民主促进会广州市委员会委员、广东省人民代表大会代表、第三届全国人民代表大会代表。参加并主持了临（沧）个（旧）、四（平）洮（安）等铁路，浙粤公路、中印及滇（昆明）缅（甸）公路的建设，对海南岛国防公路及广东省其他公路的建设做出了贡献。

容祖诰作为工商界代表，曾作《修建海珠桥》提案。海珠桥始建于 1932 年 12 月，建成于 1933 年 2 月 15 日，是广州市海珠区和越秀区的跨江通道，横跨珠江水系，是广州最早的中轴线组成之一，是中国第一座钢结构开合桥。

1950 年 3 月 25 日，广州市政府开始重建海珠桥，由衡阳铁路管理局技术员卓观培带领有关技术人员修复。当年 11 月，完成海珠桥重建工作。

1972 年 11 月 16 日，容祖诰病逝于广州。

（周怡敏）

陈抱一

中国油画先驱

陈抱一（1893—1945），祖籍潮连（今属江门市蓬江区潮连街道），生于上海。现代油画家、美术教育家。存世作品有油画《弘一法师像》《〈陈抱一〉自画像》《香港码头》等。早年留学日本学习绘画，参与创办中华艺术大学，及"东方画会""晨光美术会"等艺术社团，与徐悲鸿、潘玉良等组织"默社"，著有《油画法之研究》《静物画研究》《人物画研究》等。

　　陈抱一生于富裕家庭，自幼喜爱艺术。其父在招商局工作，思想开明，支持儿子学习艺术。1911年，他进入中国油画启蒙时期的代表画家周湘开办的布景传习所，随周湘、张聿光等画家学习绘画。但学校教授的是中西合璧的水彩画，以及照相用的布景，采用临摹范画的方法教学。陈抱一对此并不满足，决心出国深造。

　　1913—1921年，他东渡日本学习西洋画。此间，正值日本美术文化大融合的时期，新古典主义、浪漫主义、印象派甚至于野兽派在艺术界影响深远。因而陈抱一的作品中既有浪漫主义的典雅优美，又能找到印象派的笔法与光影处理，也富含野兽派狂妄不羁的色彩表现，多种风格特点兼容并包。《良友》画报介绍陈抱一的画作是："野兽派的作风，运笔流畅而极有把握，用色简洁，却充满着富丽的色彩，技巧的纯熟是永远使人折服和满意的。"

　　陈抱一在艺术上造诣极高，

陈抱一像

在美术教育上亦影响深远。他毕业回国以后，立志改革，先在上海江湾开设"晞阳美术院"，以培植油画新苗。后因美术学校在沪纷纷建立，他先后被数家美术学校聘为教授，从此以教学为主，创作为辅。陈抱一先后在神州女子学校美术专科、上海艺术师范专科学校、上海美术图画院（上海美专前身）、上海艺术大学、中华艺术大学等艺术院校担任教职。他积极主张改革西画教学方法，从西洋绘画的写实传统入手，倡导旅行写生，创新的艺术表现方法。

1914—1915 年，陈抱一在担任上海美术图画院西画教员期间，订购伏尔泰石膏像供学生写生使用，成为中国最早使用石膏像教学美术的画家。

在神州女子学校的教学中，陈抱一改变了当时上海所有美术学校均采用铅笔素描和水彩画的教学方法，提倡先画木炭素描，然后画油画写生，这是一个较为正规完备的油画教程。其间，他编写了油画专著《油画法之基础》，此书是中国近代最早且较系统的油画教材。此后，他还编写了《静物画研究》《人物画研究》等著作。

1925 年，陈抱一参与创办中华艺术大学，该校创立后成为中国共产党领导的一所综合性艺术大学。该校是民间办学，条件非常困难，为了维持学校生存，陈抱一付出了大量的时间和精力，甚至花光了私人的积蓄。当年中华艺术大学附近尚有河浜及农田，这恰好成了学生画风景的天然大课堂。陈抱一指导学生上午在石膏教室画木炭素描或写生教室画景物、人体油画，下午到附近画风景。他对学生循循善诱、诲人不倦，指导学生写生，陶冶他们的美感。他的博学多才、严格认真的教学态度和对学生的热情扶持，在当时赢得了崇高的声誉。

1932 年，"一·二八"事变，陈抱一的画室及大量作品被炸毁，

致使陈抱一的生活陷入困窘之中。1941年，太平洋战争爆发，上海沦陷。陈抱一蛰居上海，于1942年在《上海艺术月利》发表长文《洋画运动过程略记》，记录我国早期西画发展史实。后于1945年7月病逝。

（华夏）

陈国泉

矢志跟党走的红色企业家

陈国泉（1895—1957），字孟海，棠下石头乡（今属江门市蓬江区棠下镇）人，是支持革命的红色企业家。陈国泉一生爱国爱乡，热心捐献。1950年初，捐献几千元慰劳解放军；1951年抗美援朝，捐献旧人民币1亿元。生前把在港产业变卖，将全部资金（约100万港元）调返内地，投资祖国建设及捐资办公益事业。曾任中国民主建国会广州市委员会委员、广州市工商联副主任委员、广东省工商联常务委员、广东省人民代表大会代表、广东省政协常务委员。

陈国泉　矢志跟党走的红色企业家

　　陈国泉五岁时父亲便去世，守寡的母亲靠替人摘桑、耕田来抚养三个儿女，生活苦不堪言。他九岁时进入乡中私塾读书，14 岁随堂叔伯到香港谋生。初入"广记"当学徒，后来转到洋办店铺及果栏当工人。他聪明勤快，深得老板的赏识。陈国泉 26 岁时被兴顺隆果栏聘为卖手，工薪比一般工人高。有了些钱后，他边打工边进入孔圣会夜校读书，由于所学内容与国际、国内形势相左又与志趣不合，便离开夜校，转而向书摊报纸摄取知识，探索研究国内局势的发展，思想逐步开阔。他对梁启超的《饮冰室文集》尤感兴趣，反复阅读。

　　20 世纪 20 年代，香港工人反帝爱国运动蓬勃发展，各行各业工会相继成立。陈国泉积极参与"香港水货协助工会"的筹建工作，并被推选为工会领导人，带领工人开展工人运动，积极为工人争取合法权益。1925 年，上海发生"五卅"惨案，继而引发了省港工人大罢工。陈国泉毅然回到广州投身到这场震撼中外的工人运动中，被选为"审理仇货委员会"委员（当时的英国货和日本货统称"仇货"）。接着被省港大罢工委员会选送进入培养工农运动领导骨干的劳动学院学习。学习期满后，陈国泉被派回故乡新会，组织农民运动。

　　1927 年 1 月，他回到棠下镇石头乡，在陈氏太祖祠成立农民协会，开展农民运动，被推选为石头乡农会主席。同年，蒋介石背叛革命后，国内形势急剧变化，陈国泉被当局列入通缉的黑名单。在地下党的帮助下，他迫不得已返港，回到兴顺隆复职。不久，自己创业开设和隆行经营，经过十年奋斗，由于经营有方，获利颇丰。这期间，他仍念念不忘工农革命运动和国家民族命运，多方与在港的革命者保持联系，给予经济支持。

1931 年"九一八"事变，全国的抗日救亡运动如火如荼。宋庆龄、何香凝到香港募捐寒衣给抗日战士，廖承志在香港筹款，香港各界人士积极响应，陈国泉除慷慨捐出自己的积蓄外，还奔走发动商界人士捐助抗日。

1941 年 10 月 8 日，香港被日军占领后，港岛的供应中断，食物价格猛涨，人心惶惶，陈国泉便将自己仓库所存的 1 万多斤花生仁赈济饥民。此事被日寇知道后，查封了他的货仓，迫使他举家迁往澳门。此时的澳门也受影响，粮价暴涨，饿殍遍地。陈国泉连续抱了两个被遗弃的幼儿送往"保育院"，每月除供给保育费，还购备番薯杂粮周济贫苦市民。

1945 年，抗战胜利，陈国泉即返香港，重新恢复和隆行业务，并在九龙旺角建了一座货仓。他的服务和品行深得客商信赖，事业不断扩展，逐步成为有一定实力的商人。人民解放战争开始，一些人感到国内前途莫测离开香港。但陈国泉仍留在香港，并常与报界人士接触，了解国内的真实情况，还从经济上支持客观报道国内形势的香港《华商报》的出版。他还多次冒着生命危险，利用和隆行仓库，秘密储运军需物资并运回内地，支持中国人民解放战争。陈国泉曾多次想提出要求加入中国共产党，为了便于更好地开展隐蔽工作放弃了念头，却始终以共产党员的行为要求自己。1948 年，他还积极参加推销和购买南方公债活动。1949 年 7 月，为配合解放军南下，大批进步人士要从香港返回内地，他将和隆行仓库，作为秘密集中地点，安排有关人士食宿持续三个星期，还将他们顺利送回到内地。他还接受罗理实的委托，替香港中共党组织保管百多箱临时货币（南方券），并陆续运回广州。

1950年，香港工商界组织第一批回内地参观团。陈国泉应邀随团赴东北等地参观，目睹祖国百废待兴，全国人民正以无比的热情投身到新中国的各项建设，他兴奋不已，决心以自己的力量，支持祖国建设，以实现自己多年来梦寐以求的愿望。他回港后，夜不能寐，逢人便述"至今思之尤为畅快"，随即将部分资金调回广州，开设和隆行，向海外推销内地土产，帮助国家出口创汇。陈国泉的爱国商务活动，引起港英当局的注意，拟对他抓捕。为免遭不幸，在地下党的帮助下，4月29日离开香港回到广州。适逢黄洁、邓文超、蚁美厚、许崇德等侨界领导人倡议，创办华南企业公司。陈国泉便积极响应倡仪，把在港的十几万港币资产陆续调回来投资于"华南企业公司"和北京"新侨饭店"（即北京华侨大厦）。陈国泉还被推选为"华企"常务董事。

1951年，全国掀起轰轰烈烈的抗美援朝捐献运动，他带头捐献1亿元（旧人民币），并积极发动工商界人士踊跃捐献。1955年，陈国泉赴港联系商务。一班暴徒敌对势力，上街闹事，抢掠商店，行凶打人，强奸妇女，一时间，整个九龙区天昏地暗，人心惶惶。港英当局对事件采取纵容姑息态度，致使事态不断扩大。陈国泉当时在同乡黄佩球的中建百货商店，面对暴徒的淫威，毫无惧色，他动员全体员工，加强防卫，在商店的天台上高高举起五星红旗，贮起几大缸烧碱液，用以自卫防范。亡命之徒见到五星红旗，更加疯狂地扑过来，员工们用水枪喷射烧碱液加以拦阻，暴徒狼狈逃窜。相持几天后，暴徒终因做贼心虚，悻悻离开。陈国泉为维护社会主义新中国的荣誉，勇敢地与暴徒展开面对面斗争，他的行为，大大地伸张了香港同胞热爱祖国的正气。

陈国泉对家乡的感情也是很深挚的。他是中华人民共和国成立后华侨、港澳同胞回新会捐资办公益事业的第一人，起了很好的先锋模范作用。1957年陈国泉返港时，意外得病。治疗期间，仍尽力组织崔德祺等首批香港乡亲回新会探亲、观光，并指派其夫人唐珍琰女士陪同。当年5月，陈国泉病情恶化，回穗就医。病中还与香港的同乡陈祖沛相约，共同发起集资筹建新会华侨中学并带头认捐人民币3万元。弥留之际，他念念不忘叮嘱家人完成他的心愿：结束在香港的生意，继续捐款，将全部资金（约100万港元）调返内地，投资祖国建设及捐资办公益事业。1957年6月30日，陈国泉病逝于广州，终年63岁。在生命的最后一刻，他牵挂的仍是祖国的建设，家乡人民的幸福。

多年后，家人找到他的遗稿，看到了他的内心表白："我衷心的感谢中国共产党的爱我，——尽我的能力所及贡献给党矢志不移，无论如何艰苦，我都坚决永远跟着共产党走以报答爱我之恩，亦以偿我数十年来的革命志愿。"

陈国泉病逝后，唐珍琰女士秉承他的爱国爱乡遗愿，于20世纪50年代末，率先在新会投资建设龙潭水电站、新会农械厂、新会华侨电厂，共计人民币30多万元。而后，她又分别捐资兴建新会博物馆、新会革命烈士纪念碑、新会华侨中学，共计人民币11万元。此外，对广州暨南大学、广东省侨联，新会侨联等单位，亦多有捐助。60年代初，唐珍琰女士又捐赠16万元（其中3万元是以其儿子名字捐赠）给新会兴建新会少年宫，还资助新会政府修建儿童公园、游泳池等文化、体育活动场所。唐珍琰女士不但自己热心捐资办公益事业，而且热心于做华侨、侨眷的联络工作，帮助华侨、港澳同胞、侨眷排忧解难。又积极穿针引线，发动华侨、香港同胞回新会兴办了一批公益事业。因此，大家都亲切地称她"唐大姐"，对她表示敬意。

（蒙胜福）

张肖白

医术医德双馨的一代名医

张肖白（1897—1966），祖籍开平马岗乡梧村，出生于加拿大的华人家庭，是加拿大第一位华人女医生。自 1923 年从加拿大回到中国行医，是江门中心医院第一任华人院长。张肖白医术高超，行医40 多年救治无数病人，为人民的医疗事业做出过卓越贡献的一生。被群众尊称为"神医""圣女"。

张肖白出生于加拿大温哥华的一个华人家庭。其父张灵椿是加拿大修建太平洋铁路期间招募的华工，铁路建成后，他于1885年定居维多利亚市。后在加拿大教会任职，曾回广州从事教会工作，结识了当时正在广州博济公医学医的庄燕娴，二人结婚后同回加拿大。张灵椿随后离开教会，开设洗衣馆，庄燕娴则开业当助产士，夫妇勤俭持家，过着俭朴的生活。童年时俭朴的生活习惯，给张肖白的此后一生带来良好的影响。

张肖白像

1917年，勤奋好学的张肖白考入多伦多大学医学院医疗系攻读医学，成为著名的国际共产主义战士白求恩大夫的师妹。1922年，她获得医学硕士学位。1923年11月结束在多伦多医院的实习以后，张肖白远渡重洋，回到祖国从事医务工作。当时中国正处在内忧外患、民生凋敝的困境之中，有朋友劝她到香港开业。她谢绝了朋友的好意，决心运用自己的医学专长，为多灾多难的祖国工作，为缺医少药的同

胞服务。

经长老会女子传道会推荐，26 岁的张肖白来到广东江门的巴克莱妇幼医院（也叫仁济医院，今江门中心医院前身）工作，实现了她当一名医生的愿望。抗日战争爆发后，一些国外亲友都劝张肖白返回加拿大避开战乱。但她毅然选择和祖国同胞共患难，留下继续行医，甚至在仁济医院开设向贫苦大众赠医施药的业务，还在江门、外海、会城、沙坪等地开办赠医点。

1939 年 12 月，江门沦陷。日本侵略军用刺刀指向张肖白，强迫她继续任职，为敌伪服务。她把个人生死置之度外，大义凛然地拒绝了敌伪的命令。离开了仁济医院，但她并未停止行医，而是在自己家里开设私人诊所，自己出钱购置医疗器械，定期步行到各赠医点开诊，继续为广大群众治病服务。抗战胜利后，忧国忧民的张肖白，重新回到仁济医院担任院长，继续为江门人民服务。

张肖白学识渊博，重视临床实践，积累了丰富的医疗经验，被群众尊称为"神医""圣女"。张肖白对医疗工作极端负责，把救死扶伤视为自己的天职，工作的热情达到忘我的境界。有时为了准确诊断病人的病因，往往废寝忘餐地查阅中外医学文献，务求断症准确无误，对症施治。她这种严谨的医疗作风，一丝不苟的对病人负责的精神，赢得了广大病人的信任和爱戴。

在张肖白主持下，北街医院（仁济医院 1951 年 11 月更名为北街医院）在科研和学术活动方面都作出了可喜成绩。1956 年，她亲自领导建立了一个广东省地区级医院第一批不再附属于内科的独立的临床小儿科，为中华医学会广东儿科学会的创立打下了基础。在科研方面，其中对钩端螺旋体病的流行病学的研究，就全国来说，北街医院是首批发表医学文献的单位之一；对地中海贫血诊断和治疗，北街医院也是全国名列前茅的单位；对风湿性和肺源性心脏病的研究，小儿急性坏死性肠炎和新生儿高胆红质血症的诊疗，姜片虫病的流行病学的诊断，中西医结合治疗某些流行多发病，外科和妇产科开展多种高难度手术治疗的探索研究，医技部门中的放射造影技术、电泳技术和研制中草药新制剂诸方面，都取得显著成绩。张肖白撰写了大量的医学学术文献，不少论文在全国性刊物发表，为促进医疗事业的发展做出了杰出的贡献。

在医院工作的几十年里，她经常到门诊部和病房应诊和查房，更经常与其他医务人员一起抢救危重病人。她诊治每一个病人，总要亲自查问病历，亲自检查病因，细心体察病人的要求和愿望，真正做到痛病人之所痛、急病人之所急。医院曾收治过一位腹大如鼓的女病人，经中西医反复检查，最初认定为肝硬化腹水。张肖白临床观察，再经多方细致的检查，结果确诊断为卵巢囊肿，便果断地进行手术，割出了一个30多斤重的囊肿物，使病人很快恢复健康。医院又曾收治过一位腹痛而不能大便的病人，多位医生诊断为直肠癌。张肖白凭着丰富的临床经验，亲自动手，以套上指套的手指伸进病人的肛门，反复转动，发觉内里有一团可以轻微转动的硬结物，断定不是直肠癌，而是积聚已久的块状粪便，然后亲自给患者逐小粒掏出而病愈。

更令人信服的还有一次，医院收治了一名七八岁的小孩，多位大夫均断定为胃肿瘤，并已开出手术单准备动手术。后经张肖白及时详询病史，后复查看X光照片，结果否定是胃肿瘤，只是一般的胃病。这类及时纠正诊断结果的事例不胜枚举。1960年夏，医院收治了一大批失明病人，张肖白十分重视，每天都逐个查视，亲自为病人细心护理，认真细致地指导眼科大夫进行手术，使绝大多数病人重见光明，赢得病人和病者家属衷心的赞誉，誉之为"光明使者""万家生佛"。

　　她经常率领医疗队深入到农村巡回应诊，为广大农民义务治病。1956年夏，新会上横乡发生姜片虫流行病，张肖白马上决定带医疗队开赴该乡开展防治工作，深入发病最严重的村乡，与其他医生一道，住到农民家去，夜以继日诊治病人。她救治了众多的病者，控制了疫情的蔓延，并写出了《姜片虫病的地方性流行情况及65名小儿病例的临床报告》，提出了根治姜片虫病的有效方案。

　　1961年春，她带队深入新会的司前、德庆的新圩、官圩一带，爬山越岭，上门替农民治病。她过去未到过斗门，但她的名字早已在斗门群众中广为流传。当她带队到斗门县巡回应诊时，县里各地的农民病者都蜂拥而至，门庭若市。她日均诊治人数竟高达200余人，每至深夜，仍不能止。当地的党政领导人都劝她少诊治些病人，免得过分劳累。她总是说："我们医疗队下到农村，是要替广大农民服务治病的。病人要求我看病，怎能不看？我少看一位，心里便多一分不安。"她这种忘我工作精神和崇高的医德，令人钦佩。她率领的医疗队的足迹遍及新会、开平、台山、鹤山、高明、德庆、斗门、中山等市、县，口碑载道。

　　张肖白积极贯彻中医方面的政策。她认为作为一个好医生，应该走中西医结合的道路，才能更好地为病者服务。她为了更有效地替广大农民治病，也为了尽可能减轻病人经济负担，她在组织斗门医疗队出发之前，还要虚心地与中医师一道，重温针灸操作，苦心孤诣地全面掌握中医针灸方法，务求精益求精。在她的带动下，医院的医师都能普及针灸疗法。北街医院在应用土牛膝治疗白喉、中药治疗大脑炎以至推广一些卓有疗效的民间方剂治病诸方面，都得到她的支持，带头推广运用，收到很好的医疗效果。

　　在培养年轻一代医护人员方面，张肖白也是不遗余力。她对医院里的年轻医师从不间断地进行言传身教，不但孜孜不倦地指导各科开展医学科研工作，耐心辅导一大批医疗骨干阅读和翻译英文医学文献，为年轻医护人员打好理论基础，而且临床耐心指导年轻医师如何正确诊断，提高他们的诊疗水平。当年张肖白悉心带教的年轻医生，今天已成为医院以及其他医疗机构的技术骨干。

在张肖白的指导下，北街医院曾举办了多期的护理、检验、药剂、病案等的培训班，培训了一大批来自基层的进修医生，使经受培训的医务人员成为基层医疗单位的重要医疗力量。另外，对每年来院实习的高等医学院校的毕业生，张肖白更是关怀备至，时时处处都给他们提供临床实践的机会和耐心细致的讲解指导。得到张肖白指导的医生，获益良多，无不留下深刻的印象，永生难忘。

张肖白具有精湛的医术和崇高的医德。她没有结婚，几十年来自奉甚薄，长期过着清茶淡饭的俭朴生活，而对劳苦大众却怀有深厚的感情。在解放以前，她就把自己的工资收入尽量节省下来，资助不少孤儿接受教育，有些栽培成为护士或医疗技术人员。她还把节省下来的钱资助穷苦人家和捐助给孤儿院。1961 年，她还把多年来节约下来的存放在加拿大银行的存款 5000 美元汇回祖国，用以购买 X 光机、心电图机等先进医疗设备捐赠给医院。这种高尚品德，赢得政府和全院医护人员的赞誉和敬佩。

1966 年初，69 岁高龄的张肖白不幸患上肺癌，党和政府领导都非常关心她的健康，在确诊后立即送她到广州中山医学院附属肿瘤医院留医。两个月后，她的癌细胞已扩散转移，病情已急剧恶化，但是她仍然满怀信心，认为自己必然能够战胜癌魔。因为她觉得，还有很多工作还需要她去做。"我病好之后，要退休啊！不过，我退休绝不是不当医生了，而是要更好地当医生，只是退了院长的职务而已。"她对来探望她的卫生局领导说。其实她那时的生命已仅剩下两个多月的时间，已到了病危的地步。在她的要求下，于去世前五天，回到了她为之鞠躬尽瘁、数十年如一日的事业所在地北街医院。直至她弥留之际，张肖白仍然对自己担负的医疗工作叨念不已，真正做到了"生命不息，战斗不止"。她这种热爱工作，"一息尚存、此志不容稍懈"的精神，将永远教育、启迪后人，为后人留下一份宝贵的精神遗产。1966年5月17日，张肖白与世长辞，终年69岁。

张肖白逝世后，江门市人民政府在中山纪念堂召开了隆重的追悼会。会后参加送殡的队伍人数越来越多，很多群众自发前来加入送殡行列，人数竟达2000余人之多。马路两旁驻足默哀者更是不计其数，可见张肖白是一位深得人心的好医生，极尽生荣死哀。42年来，张肖白为医疗事业贡献了毕生的力量，一代名医从此永逝。她的崇高医德和高风亮节，将永远留存在广大人民群众的心中。

（华夏）

李研山

弃官从艺的山水画大师

李研山（1898—1961），名耀辰，字居端，号
研山。祖籍荷塘镇篁湾村（今属江门市蓬江区荷塘
镇）。著名画家、书法家和诗人。作品显著特征是
融诗、书、画于一体，善山水、花卉，作品深具传
统根基，结构严密，得古人之风致。有《李研山书
画集》印件，晚年被誉为"山水画大师"。

　　李研山出身书香世家，兄弟姐妹 10 人，他排行第二。父亲李载枰，颇爱书画。李研山在其父的熏陶和影响下，从小也爱书画。他在乡间私塾读书，七岁时就能吟咏，又能写得一手好字，还能描绘乡间的井亭树木，显露出在诗、书、画方面的潜质。

　　李研山读完小学便离开故乡，到广州广府中学读书。他除了学习必修课程外，还加入了潘至中画室，接受了系统的绘画基础训练，并取得了优异的成绩。潘至中的艺术主张和绘画技巧对他日后的艺术创作有着深刻的影响。中学毕业后，李研山进入北京大学读法律系，课余时间仍继续作画。他在北京拜访了很多画家、收藏家，遍览历代名家真迹，对西欧印象派大师梵高、塞尚的作品很感兴趣，还追随徐悲鸿研习过西洋画。

　　结束大学学业后，李研山到开平县政府任教育科长。但不久，他便辞职去广州，加入了以潘至中为首的广州"国画研究会"，负责会务工作。他在那里结识了一批知名画家，从他们身上学到了不少绘画知识，其艺术功力更为深厚。

　　经过了几年的勤学苦练，李研山在绘画、书法、诗作方面开始崭露头角。当时对诗画颇有讲究的陈融（陈协之）对他尤为赏识。于是李研山经常出入陈协之的颐园，与一些诗人墨客共聚一堂，或吟诗作画，或切磋诗画技艺。这期间，他先后担任过汕头法院、广州法院书记官、推事、庭长等职，但其心志始终专注于绘画。有一次，他在民事法庭上受理案件，却"身在法庭，心在书画"，竟为当事人作速写素描。

1931年，李研山毅然弃官从艺，应聘到广州市立美术专门学校任校长。他结交"国画研究会"优秀的中国画家和"赤社"的西洋画家，聘请著名中西画家赵浩公、黄君璧、冯钢百、吴子复等10多人先后到校任教。他在校舍扩建、教育设备购置、教材编审等方面做了大量工作，使该校面貌焕然一新。在教育方法上，他既注重基础训练，也让学生接触各种风格、流派的绘画艺术，使他们能博取众长，从而形成自己个人的艺术风格。

1936年，李研山为了进一步提高自己的绘画技艺，辞去了广州市美术学校校长职务，深入全国各地著名的风景名胜体验生活。他观摩和学习古代董源的江南景色、黄公望描绘的富春山、王蒙所表现的黄鹤楼、宋代各名家所画的长江万里图等，致力于中国画的研究和古字画的品评。这时，他在海内外书画界都已有很高的声望。

这一时期，李研

李研山像

山画的中国画，精细纤巧，灵秀清逸，清新雅致，可看到其受中学时代老师潘至中影响的痕迹，画类近文衡山、沈石田和石涛的风格，以文徵明式的青山绿水而博得鉴赏家的喜爱。当时的报章曾有这样的评论："研山所作山水小品，野逸洒落似文衡山，三百余年来，笔墨之能继衡山者，只有清代之潘莲巢、钱叔美两人。莲巢学衡山仅得其貌，而内容缺乏书卷逸气。松壶学衡山细笔，仅见其秀丽而不见其雄浑。研山对衡山之功力，经已远驾于潘、钱两者之上。"

1937 年，抗日战争全面爆发，李研山避退到香港，与画家李凤公一起在庄士顿道设立"凤研楼"画室，但不到半年，就面临"断炊之境"。李研山只好离开"凤研楼"，投靠富家"沙龙"——"协兴俱乐部"。他先后到过澳门名人卢煊仲的"隐秀园"、雷君轼的"深香楼"、收藏家黄子静的公馆等处居住，过着寄人篱下的生活。这样过了两年后，他才回到家乡荷塘。

1942 年，李研山再次前往澳门，在友人的帮助下，被安置在环境较优越的别墅居住。1943 年，他又回到广州湾（今湛江市）任中学教师。

1945 年，抗日战争结束，他返回家乡荷塘，创作了一幅《江山无恙图》长卷，这是他成名后第一幅反映家乡风貌的作品。不久，他去广州，与画家吴子复一起住在广州文化艺术中心"黄图画廊"。这时他画的山水画，大部分是描绘祖国大好山河的巨幅长卷，画风雄浑苍劲，气势磅礴，表现出对祖国、对家乡深挚的眷恋。他经常把自己的作品送到广州中山纪念堂展出，得到不少行家的青睐。

1948 年夏，李研山移居香港，在中医师陈炳森的"六安室"继续绘画，并研究古字画、金石、古董等。这是他一生创作最多的时期。1949 年 11 月 25 日，他和吴子复、陈汀兰等在香港思豪酒店举办书画联展，吸引了全国各地的书画艺术爱好者，不少人还买回珍藏，使画展得到了一笔意想不到的收入。不久，著名画家张大千和天津有名的书画、金石收藏家陈仁涛带了一批珍贵文物到香港，李研山与他们一起研究品评。李研山一边进行仿古创作，一面对中国绘画廊艺术"究本追源"，研究中国古代绘画，从中吸取精髓，使自己的画艺日臻完善。

1951年，李研山再次在香港思豪酒店画廊举办"李研山辛卯画展"，显示出其个人的画艺已进入新的境界。著名书画家陈芷町在评论李研山的作品时说："当代画家，其能上契千载，浸润百家，神通造化，妙发新机者，予得四人焉，曰张大千，曰傅心畬，曰吴湖帆，曰李研山……研山挺生岭表，早游上京，本其少小寝馈晏东法乳之渊源，进而摩挲唐宋元明之真迹，尽窈秘奥；豁然贯通。于是初则取石田之雄奇，合衡山之灵秀为一变；继而寻究元人野逸之趣，而鼓荡其丰神为二变。心悟手从，孜孜罔懈，盖已三十年于兹矣。此及近藏，更肆力董巨，山川草木，浑厚华滋，化之于毫素，归之于自然，故具为画也，凝静处如老僧人定，一空尘滓；潇洒处如散仙游行，绝无滞碍。衡其所诣之高，已臻道大莫名之境，不可以一家一格构矣。"

当时，中国内地和香港书画界均对李研山的成就有很高的评价。据统计，在大小报章上品评李研山书画的行家达28人之多，其中有香港著名画家陈荆鸿、刘衡戡、赵少昂等，李研山的作品在中国画坛轰动一时。

1954年，李研山在九龙钻石山下元岭建立起自己的"石溪壶馆"，这是一所具有浓厚古代艺术气氛的中国式画室。他在这里招收弟子，传授画艺，培养出不少画坛高手。美国檀香山的女画家林蔼，就是他在这时培养出的得意门生之一。当时的名画家、收藏家，如傅心畬、

劳天庇、王商一等人，都是他的座上客。以金晴亿（永基）为团长的韩国画家访问团和一些外国漫画家都访问过他。李研山随着声望日隆，还被聘为香港中国美术会主席、华侨书院艺术系主任。

在中国艺术史上，诗、书、画俱晓的艺术家是不多的，而李研山就是其中的一位。李研山首先是一位诗人和书法家，然后才是一个画家。在少年时代，他认真作诗，临摹各类碑帖，那时他认为"书胜于画"。当他的绘画达到一定水平时，又认为"画胜于书"。最后，当他的绘画到了炉火纯青的地步，对诗、书也有了深入的探究后，他则认为"书画同源""书与画一""书法即画法所在"，等等。

刘草衣对他的诗书画评论说："其画卓造，其书亦清，诗亦画，神里互契，而画则为诗心，书法所融会，盖东坡作书如见画，摩诘画有诗，诗有画之道，研山备焉，故能抒逸而通神也。"但正是这样一位造诣深厚的艺术家，从没有为自己出版过任何画集。他的诗作也多是写在画上、扇面上，用于送亲赠友，并无编辑成册，他把所有的精力都用在探索艺术上。在李研山的书画上，所用的画室名号有：苏井亭、凤研楼、仁晴阁、石溪壶馆、双铁笛楼、九龙山居、上元山居、尘定轩、皇蝉室、居广堂、瑶草草堂等。

1961 年 5 月 11 日凌晨，李研山在香港病逝，终年 63 岁。香港文化艺术界知名人士和广州市立美术学校留港同学为李研山举行了隆重的追悼会，殡礼在九龙殡仪馆举行，前来吊唁的各界人士达 2000 多人。李研山的遗体葬于香港荃湾华人永远坟场。著名书法家吴子复还特地从广州来到香港，为李研山题写碑文。著名画家傅心畬在李研山的遗作中题了一首诗："乔柯竹石人间有，天壤今无李研山，岛上已悲非故国，况云华表鹤飞还。"

李研山生前与书画界的许多名流过从甚密，喜欢互赠佳作，有扇面、册页画和诗稿等。因而在他的个人藏品中，有不少难得的艺术珍品。他藏有黄宾虹、张大千、傅心畬、陈协之、赵少昂、吴子复等当代著名书画家的作品 100 余幅。他还嗜好收藏古董，共藏有古代名家书画真迹、图章、金石等 170 多件。

1974 年，李研山的儿子李允銶和李研山生前好友，在香港编辑了《李研山书画集》，由香港东方文物图书出版社出版。现在，在广州美术馆内，人们仍可观赏到李研山 1929 年创作的《松壑山村图》，该画构图严谨，气魄宏大，是国画的经典之作。

（张景秋）

文绰英

革命到底的青年烈士

文绰英（1901—1928），又名文和，杜阮镇井根乡龙溪村中兴里（今属江门市蓬江区杜阮镇）人。江门早期著名的工人、农民运动领袖。文绰英一直为党的革命事业奔走努力，后被国民党特务抓捕，在狱中仍与反动派进行英勇斗争，牺牲时年仅27岁。

文绰英出身贫民家庭，童年丧父，寄食姨丈家。1917 年，他到江门镇（今江门市蓬江区）做茶居工人，1922 年初加入茶居工会。由于工作积极肯干，事事带头为工人争取合法权益，他被选为江门茶居工会专职干部，于 1924 年冬加入中国共产党。

1925 年，江会地区共产党领导的农民运动正风起云涌。江门的水南、白石、白沙、窖头等乡村以及杜阮的石子潭、木朗、瑶芦乡已先后建立了农会组织。1925 年 6 月，省港大罢工爆发，文绰英出席新会县（今江门市新会区）第二次工人代表大会。会议正式成立新会县总工会，他被选为执行委员兼总工会会城办事处主任。1926 年 7 月，他受党组织派遣回杜阮井根乡领导开展农民运动，组织井根乡农民协会和组建农民自卫军。当时，井根乡的封建势力很强大，土豪劣绅勾结官僚操纵乡政，仗势欺压剥削农民。贫苦乡民一经农会骨干的宣传发动，又得知邻近乡村也相继成立农民自己的组织，不少进步的乡民纷纷加入了农会，同年 9 月便成立了井根乡农民协会，文绰英被推举为农民协会委员长，又被推选为井根农民自卫军队长。农民群众在乡农会的领导下，同地主豪绅进行坚决的斗争，还对井根乡地主财团把持的乡政府财务进行清算，作为农会活动经费。斗争开展得如火如荼，取得初步胜利，但也引起了当地国民党乡政府和民团的仇视。

1927 年，蒋介石发动"四一二"反革命政变，国民党反动派对共产党人实行血腥大屠杀，白色恐怖笼罩城乡各地。江会地区各地党组织和农会遭破坏，大批共产党人和农会委员也惨遭国民党逮捕杀害。不甘心失败的国民党乡政府、地主土豪也伺机报复。4月20日清晨，国民党军阀徐景唐十三师一部，会同新会三区地主武装民团总队共300多官兵，突然开进井根乡进行"清乡""剿共"，把整个村包围起来，由当地民团引路入村，先捣毁农会，再入村四处搜捕农会干部和革命群众，并借"清乡"逐户搜查民房、洗劫财物。当日，就有10多位农会成员和农军因作反抗遭杀害，有500多农会会员及民众被强押到乡公所审讯，将其中30多人押往江门五邑警备司令部。农会委员长文绰英、自卫军队长文末、关均等14名农会和自卫军骨干也被捕押往驻军监禁。是年10月，文末、关均被杀害。文绰英被国民党反动派视为重要的共产党骨干被押往广州，关在监狱里达八个月，受尽严刑迫供，但他坚贞不屈，始终没有泄露党的组织，并在狱中与敌人周旋斗争。直到1927年12月11日广州起义，才被占领公安局的工农革命军解救出狱。

文绰英恢复自由后，继续参加革命工作。广州起义失败，共产党各党组织转入地下活动，文绰英被党组织派回新会工作。当他从广州坐船到达江门上岸时，被民团的人认出跟踪追捕，他机警地躲进码头，跳进一条小艇，划往河南上岸，走进一间榨油厂的货仓躲避。特务看见文绰英逃往河南油厂，便叫来大批军警包围油厂货仓搜查。油厂的工人有的认识文绰英，见到大批军警蜂拥而来，便叫文绰英躲进一个空油桶里面，然后盖上桶盖，贴上封条，和装满油的油桶混放在一起。当军警进仓搜查时，工人们否认有外人来过，军警搜遍仓库，一无所获，只好撤走。当晚，工人们将文绰英化装成"水客"，混在开往香港的油船里，把他安全转到香港。

文绰英到达香港后，很快就和党组织接上关系，改名文和，继续为党工作。他在同志、亲友的帮助下，筹集资金开办了一家名为"小三元"的茶室，一方面解决生活所需，另一方面作为联络点，掩护进行革命活动。

1928 年 5 月 3 日，日本帝国主义为阻止北伐军继续北进出兵济南，屠杀中国军民，制造了震惊中外的"济南惨案"。香港爱国同胞掀起反对日本帝国主义热潮。文绰英接受党组织任务，组织工人宣传队，开展反日活动。领导工人在湾仔用砖石、木棒捣毁日本人开的商店。晚上，他又组织宣传队到街道演讲，号召市民反对日本帝国主义，几次遭到特务跟踪，但他都巧妙逃脱。是年 7 月，他任中共香港太古船坞党支部书记。10 月，党组织又派文绰英返回内地，前往粤北韶关工作。途中，他被国民党特务跟踪，刚到韶关就被拘捕。文绰英又一次在狱中与国民党反动派进行英勇斗争，一个月后英勇就义，牺牲时年仅 27 岁。后被追认为革命烈士。

（黄煜棠）

容大块

岭南画派著名画家

容大块（1901—1963），原名容建勋，名冲，又名星哲，广东省新会县荷塘镇东良村（今属江门市蓬江区荷塘镇）人，"岭南画派"著名画家。师从高剑父，是著名艺术团体百川书画会的成员，与黎雄才齐名。曾任教上海美术专科学校及广西省立第二、第三师范学校。20世纪30年代初至40年代中后期，遍游祖国各地，作旅行写生。先后在华东、华北、香港等地举办画展。曾任广州市文史馆馆员。

容大块早年毕业于广东省立第一甲种工业学校美术科。1923年，容大块喜遇名师，他幸运地成为"岭南画派"创始人、著名画家高剑父先生的学生，也是首批加入高剑父"春睡画院"的成员之一。经过高剑父的精心指导、耳提面命，容大块进步神速，书画作品渐有名气，是早期岭南画派的青年健将之一、与黎雄才齐名。

1921年，高剑父与老友陈树人、五弟高奇峰以及弟子容大块等

容大块像

一起倡导"新国画"，并筹办了"第一次美术展览会"。当年12月20日，于广州市文德路广东图书馆举行的全省美术展览会。时任粤军总司令兼广东省省长、是次展览会长陈炯明亲临剪彩。这是"新国画"亮相之始。换言之，除了高剑父、高奇峰、陈树人三位前辈之外，容大块无疑是"新国画运动"的先锋之一，而且在岭南画派中辈分甚高。新国画第一次美术展览会的成功展出，令岭南画派驰名远近，具体操办这个展览会的容大块为岭南画派的发展壮大贡献良多。

　　1924 年，容大块年仅 23 岁，正是青春年少大好年华。高剑父作国画赠予弟子。其画为大青绿山水，崖上有两株苍松，纯以北派的风格出之，大量地运用大斧劈去画山石之外，颇有马远、夏珪的影子；在画幅的右侧又见以淡墨渲染的房屋，雾气萦绕，远景的山势高而耸，宋人的气势甚强，高氏于点苔之中又着以二绿，为刚性的山石注入欣欣向荣的气息。此图是高剑父赠予学生的画作中的精品之一，他对容大块的培育，于此颇见苦心。容大块当年与黎葛民是高剑父的左右膀，一直带在身边，生活互相照料，艺术互相研习。

　　容大块青年时代足迹几乎涉及全国各地：他曾任教上海美术专科学校及广西省立第二、第三师范学校。1930 年后，高剑父远走南洋和印度，抗战时又蛰居澳门，容大块却没有跟随，反而出走粤地。20 世纪 30 年代初至 40 年代中后期，容大块遍游华南、华东、华中、华北以及西北各省，沿途写生，这是他创作并进行美术活动的黄金时期。每有得意之作，容大块就择地展览，先后在华东、华北、香港等地举办画展。他的国画作品还飘洋过海，走出国门，曾参加德国柏林阿姆斯脱达姆、海牙、日内瓦各国之中国画展览。容大块清新脱俗的山水、走兽、花鸟、虫鱼乃至中国书法，令外国艺术家惊叹不已，为之折服。美术史研究专家陈继春指出："容氏的造诣，纯粹根植于自己的文化本体，而且以'行万里路'去铸造自己的艺术的，此点甚是珍贵，尤其是一位周围充满着'欧风美雨'艺术风格的画人。"

　　容大块既继承和弘扬岭南画派的特有风格，又开创了自己的创新技法，令岭南画派得到新的提升和革新。容大块艺术变革出现在 1936 年。做了 10 多年写实主义信徒的容大块，作品笔调冷静，但此时期的风格由"放逸"回归"浑拙"，转而追求"静穆"，尽管其画中还流露着高剑父作风中的"沉古"气息。容大块的国画作品参加 1936 年分别在南京和上海举行的"春睡画院"师生展，画风清新，别出心裁，引起美术界高度关注。

参观过此次展览的著名美术家傅抱石在评论文章中指出："我对于春睡画院画展里，有几位的画最佩服，一是方人定的人物，一是黎雄才、容大块的写生山水。这三位最低限度，可以说是某部分上打破了'传统的'、'流派化'的束缚，同时所走的路途，已有相当的成功，是值得惊异的。"这正是容大块与黎雄才齐名的缘由！傅抱石对容大块绘画艺术的肯定非常难得。方人定、黎雄才均先在广州习画，然后留学日本，吸收东洋绘画技巧，有留洋之资历。而傅抱石1932年赴日本东京留学，1935年回国，任教于国立中央大学艺术系。他这次被容大块这个"本土派"的画作折服，推崇没有留学经历的容大块，此举颇佐证容氏的成就。

容大块多才多艺，不单能绘画，还会写诗，是著名诗人。他的诗词作品很多描述在跟随高剑父学习绘画的所见所闻、所思所感，譬如他在《剑父师将有远行呈此志意》一诗中写道："十载立残春睡雪，两年踏遍桂林云；征尘乍浣心空壮，恨未追随访异间。少年东海羡长征，此日南溟祖壮行；愿带欧风被桃李，先吹消息老门生。"

早在20世纪二三十年代，广州文化界名流就组织了"广州清游会"，汇聚了一帮文人雅士，如高剑父兄弟、陈树人、陈大年等，常在广州二沙岛等地雅集，或旅游行吟，抒发胸臆。抗日战争爆发后，一些会友来到澳门避难，于是重新组织了澳门清游会。容大块在广州时，是清游会成员，他是岭南画派成员中多才多艺的中坚人物。容大块的诗作和他的画作一样，清新脱俗，出手不凡，代表作有《清江古塔》与《松花》：

清江古塔

倒影侵寒绿，随潮放鸭船。

今朝疏雨断，景物更澄鲜。

松花

群芳妍丽彼葱葱，独倚雨窗画未工。

不着胭脂娇媚态，一团苍老拽春空。

容大块也是著名艺术团体百川书画会的成员。1933 年 11 月 15 日，由黄宾虹与上海美专教授王济远等发起的"百川书画会"在上海创立。容大块、陆一飞、柳亚子、刘海粟等均为会员。岭南画派与其他绘画流派深入交流互通有无，容大块是先行者。

1936 年 12 月 2 日至 7 日，容大块在上海南京路大新公司四楼举办个人画展。当时有则启事对容大块的艺术成就高度评价："名画家容大块，本天赋逸才，而学养兼到。历游苏、浙、皖、赣、鄂、川、燕、鲁、豫、秦、粤、桂十二省名山大川，外师造化，中得心源，暗合古人众妙，今出其精心之作百余幅。公开展览，以博大雅名家鉴赏，拜赐昌言。"该启事署名蔡元培、于右任、陈树人和简琴斋（详见 1936 年 11 月 30 日上海《申报》）。可见当时，容大块的国画艺术成就已经具有全国性的影响。

中华人民共和国成立后，容大块曾任广州市文史馆馆员。陈树人先生于 1947 年前后居于上海时，与容大块多有往还。陈树人曾经写诗曰："市园偏觉爱秋光，霜叶渲红菊绽黄。不是画家容大块，更难同和一评章。"

1948 年容大块从上海回到家乡，先后到新会、江门等地举办画展。中华人民共和国成立后，他受聘于广州市文史馆当馆员，1958 年曾经回到新会写生，还作了一幅《小鸟天堂》的画作（该国画现收藏在新会博物馆）。

容大块生前代表作有《睡狸图》和《花蝶图》，颇能体现容大块继承传统、大胆创新的创作风格。

中央美术学院美术史系博士陈继春评价他：容大块与方人定是研究岭南画派发展史的两个重要人物，容大块的家乡新会荷塘与方人定的家乡中山西区隔河相望，抗战胜利后容氏还来过中山西区方人定的家，两人情谊深厚。对于"岭南画派"研究而言，容大块是非常有价值的研究对象。在高剑父早期的弟子中，容大块是首位先后受教于"二高"兄弟，同时又受到陈树人亲炙的人。然而，他独辟蹊径，以壮游写生而著称于 20 世纪上半叶，同时长期于上海任教美术，这在"岭南画派"成员中非常罕见，他能在上海艺坛屹立，这是"岭南画派"的异数，颇得沪上人士青睐。容大块的山水、走兽、花鸟、虫鱼皆精，特善画虎。擅山水画的傅抱石对他非常欣赏，连傅抱石这样的人物都非常欣赏其作品，可见容大块艺术成就之高。

（黄柏军）

陈乐素

忧国忧民的历史学家

陈乐素（1902—1990），原名博，因慕历史上高风亮节之士，淡泊宁静，安贫乐素，以道德文章名世，故更名乐素以自励。出生于棠下镇石头村（今属江门市蓬江区棠下镇）。陈乐素曾任浙江大学教授、浙江师范学院图书馆馆长、杭州大学宋史研究室主任、浙江省历史学会会长、人民教育出版社编审兼历史室主任、中国社会科学院历史研究所兼职研究员、中国宋史研究会副会长、国务院古籍整理出版规划小组顾问、广东省社会科学联合会顾问、广东省地方志编纂委员会委员、暨南大学历史系教授、宋史研究室主任、古籍研究所名誉所长。著有《求是集》第一、第二集，《宋史艺文志考证》等。

陈乐素的父亲是我国当代享有盛名的史学家、教育家陈垣。陈乐素幼承庭训，勤奋好学，在父亲的熏陶教育下成长。五岁离开故乡，和母亲随父到广州。辛亥革命后，父亲当选国会议员，北上定居，他便跟随到北京念中学。1918年，陈乐素16岁时，东渡日本，在明治大学攻读政治经济学。

陈乐素子女共五人，均成才。长子智超继承祖、父之学，成为我

陈乐素像

国史学界造诣甚高的专家，是中国社会科学院历史研究所研究员、博士生导师、山东大学兼职教授。

陈乐素年轻时期，就具有强烈的爱国主义思想，他留日期间深感日本帝国主义对我国侵略的野心日增，"知己知彼"才能"百战不殆"，乃研究日本史与中日关系史。1923年，他从日本留学归来，先后在广州南武、大光、培英等中学任教。1926年，他参加了国民革命军，在第五军政治部任宣传员。大革命失败后，他被迫离开革命军，暂时栖身于上海工商界。

　　1929 年，他进入新成立的《日本研究》杂志社担任主编。他对《三国志》中《魏志·倭人传》以及南朝宋、齐、梁、陈各朝历史和隋、唐史上有关日本史料仔细钻研，写出了论文，在《日本研究》创刊号和第二期上发表了《魏志倭人传研究》和《后汉刘宋间之倭史》。这两篇文章系统地探索了后汉至南北朝时期中日之间友好关系的建立和发展，考证了中日古籍记载中的差异之点，提出了对日本古代史上一些未决问题的看法。他论证了古代中日友好往来对日本文化发展的影响，这正是日本军国主义者企图抹杀的史实。例如，《后汉书》和《三国志·魏志》都有邪马台国遣使来中国朝贡的记载，《魏志》并记有该国的详细情况。他经多方研究和考证，得出结论，即是：倭，是中国对日本民族的总称，在后汉以前出现；《魏志》中的邪马台女王是倭人的一支，女王国地点在九州北半部之中南。

陈乐素教授（左）与父亲陈垣（中）、
儿子陈智超（右）

　　此外，他还对中国史上所记日本古史的一些缺失部分，根据朝鲜史籍作了考证，对照中、日、朝三方面史料得出自己的结论，加以系统的论述。这两篇文章内容翔实，在某些方面有创见，考证有功力，就当时来说，为日本学术界深入探索和解决日本史上的疑难问题，提供了可供参考的有益论证，引起日本学术界的重视。当时日本著名历史学者中山九四郎认为它们是中国青年学者的"真实有益的研究"，是"比较精细的新研究"，"有必要加以介绍"，曾在《东洋史讲座》和《大日本史讲座》的《支那史籍上的日本史》专著中分别加以较详细的译载。陈乐素的这些研究试图表明，在广大领域中，中国文化的传播，对古代日本文化的发展起到重要的影响，以与近代以来日本军国主义侵略中国作鲜明的对比。

1931年"九一八"事变后，日本侵占了我国东北大片河山，陈乐素写成《宋徽宗谋复燕云之失败》一文，以古喻今，昏君宋徽宗尚且谋复失地，而当时的执政者却实行不抵抗主义。自此，他决定把研究重点由日本史、中日关系史转到宋史。他父亲陈垣是专攻宗教史、元史和考据学的，陈乐素在治学上继承了父亲的考据学传统，注重目录学、校勘学、避讳学、史料学等方面的研究，特别在宋史的研究上，取得卓越的成就。

不久，他离开了《日本研究》杂志社，专心学术研究。他首先着重研究了南宋史学家徐梦莘因痛感靖康之耻而写的关于宋代徽宗、钦宗、高宗三朝与金国盟的史书《三朝北盟会编》及其作者徐梦莘的生平。《三朝北盟会编》是徐梦莘积46年之功完成的一部记载我国古代宋、金兄弟民族之间会盟、谈判、通和、用兵情况的巨著，全书250卷，所引用的书，不包括文集在内，已达196种。1934年，陈乐素发表论文《徐梦莘考》，1935年发表专著《三朝北盟会编考》，共约15万字。从政治上说，这"两考"是他自己爱国心声的表达，他深感自己所处的时代与"会编"所记述的时代有某种相似之处：敌骑纵横，国土日削，统治者骄淫无道、媚敌偷安，人民陷于水深火热境地，爱国志士抗敌不屈。在万马齐喑、爱国有罪的黑暗统治下，他以学术领域作战场，从历史借鉴中唤醒人民对不抵抗主义的痛恨和对爱国者的敬爱之情。从学术上说，这"两考"详征博引，考证并纠正了"会编"中一些有疑问之处，作了校补。例如"会编"引用的"著述"部分，大多数是节录，而原书多不传，涉及的人很多无传可循。这些著述梗概如何，难有现成完整的资料说明。陈乐素就平日涉猎所记，写成《三朝北盟会编考》中一章：引用书杂考。对徐梦莘所引用的 51 种多未传世或流传极少的著述，根据各种书目和宋人、金人以至元、明、清各代人的著作，写出考订和论述约 35000 字。陈乐素这部力作由于写作态度严谨细致，考订广泛深入，言之有据有理，迄今史学界仍公认其学术价值。

1937 年"七七"事变后，全国展开全面抗日。不久，上海、广州相继沦陷，其时他应聘到西南联大任教，赴昆明途中滞留香港，由香港大学教授许地山介绍到英华中学教语文和历史。又受叶恭绰和《广东丛书》编委会委托，主持明末清初广东志士屈大均著《皇明四朝成仁录》的汇编、校订工作，这部书记载明末崇祯和南明弘光、隆武、永历等四朝人民的抗清斗争和死难事迹，是清代禁书。它的编校出版，对唤起人民爱国、发扬民族气节、促进抗日、起了积极作用。

太平洋战争爆发及香港沦陷后，滞港的文化人士生活十分困苦。当陈乐素得知史学家陈寅恪教授断炊，又患眼疾，行动不便之时，他毅然将自己一家七口仅有的一点储备粮装了一袋，不顾半途日军盘问和殴打，亲自扛到陈家。陈寅恪经常念记这患难之交，在离港赴大后方时，他把自己早年在英国讲学时穿的一套西装相赠陈乐素留念。

1942 年，由陈寅恪推荐，应竺可桢校长之聘，陈乐素离开香港，辗转到达贵州遵义，担任转移到那里的浙江大学史地系教授，后兼任史地研究所导师，时年四十。这期间，他的教学任务繁重，课程门类多，主要有隋唐史、宋史、中国目录学史、史料学、校勘学、避讳学、日本史、中日关系史。他还挤时间在桐油灯下进行研究，写成了《中国目录学史》《第七世纪中叶的中日战争》《古代日本及其新文化》等著作。

抗日战争胜利后，陈乐素对豪门贵族大发"国难财"，民不聊生的局面十分愤慨。于是对宋史领域的研究进行调整，除继续研究典章文物制度和政治史外，也扩大到经济史和历史人物的研究。自 1946 年至 1948 年短短两年间，先后发表了《直斋书录解题作用陈振孙》《宋史艺文志序文证误》《四库提要与宋史艺文志之关系》等有关宋代政治、经济情况的论著，以及《读宋史魏杞传》《朱舜水一尺牍》《明末吴杭两戴笠》等有关历史人物的文章。他写明末吴、杭两戴笠是因这两个人物常被人误认为一人，要澄清史实。更想通过介绍这两个特务头子戴笠同名而行迹和道德品质决然不同的古人，影射民国特务头子戴笠的恶迹和品德坏劣。

1945 年 8 月，抗战胜利，次年，陈乐素随浙江大学迁回杭州。1949 年 4 月，解放军渡过长江，迅速向南京、上海、杭州推进。陈乐素坚守岗位，拒绝去台湾，迎接杭州的解放。

新中国成立之初，陈乐素奉军管会令参与浙江大学接管工作。1952 年，他任浙江师范学院（杭州大学前身）历史系教授兼图书馆馆长。1954 年，他被调到人民教育出版社任编审兼历史室主任，主理中小学教材的编审工作。1956 年，他加入中国共产党，应聘为中国科学院历史研究所（后改称为中国社会科学院历史研究所）兼职研究员，先后参加郭沫若主编的《中国史稿》宋代部分的写作和吴晗主编的《历史小丛书》编写工作。1957 年 2 月，因工作成绩优异，作为教

育部三位代表之一，受到毛泽东主席接见。

"文革"十年中，他饱受迫害之苦。1972年，他被迫退休。打倒"四人帮"以后，他在杭州大学复职，后被选为浙江省历史学会会长。1979年，陈乐素被调到暨南大学，任历史系教授兼宋史研究室主任、古籍研究所（后更名为中国文化古籍研究所）名誉所长。在暨大期间，陈乐素已是耄耋之年，为中外公认的宋史权威，他仍手不释卷、笔不停挥。一面为研究生讲课，一面继续研究并指导广东各地的地方志编写工作。陆续发表了《宋代客户与士大夫》《陈垣的史学研究》等文章。1980年，他被选为中国宋史研究会副会长。1982年，任国务院古籍整理出版规划小组顾问。

陈乐素从事教育、科研近70年，桃李遍天下，著述丰富，成就斐然，为中外士林共仰。他对学生严格要求，热情关怀。对向他求教的人，不论是否相识，都有求必应。为培养后辈付出毕生心血，深受青年学子爱戴。在他的教导下，他的学生成才的很多，从20世纪40年代到80年代，在他指导下获得硕士学位的学生近40人。我国著名宋史专家、杭州大学徐规教授就是他的学生。徐教授说："陈先生治学严谨、笃实，善于利用科学方法，著述必广事商略，几经修订，才肯刊发，对读者负责的精神，堪称楷模。"

陈乐素为人忠厚谦和，艰苦朴素。常以"饭疏食，饮水，曲肱而枕之，乐亦在其中矣。不义而富且贵，于我如浮云"（《论语·述而》）自励。在他生命最后的日子里，还孜孜不倦地整理修订从1941年开始花了整整50年、凝聚他大半生心血的《宋史艺文志考证》。1990年7月20日，陈乐素与世长辞，享年88岁。

（秦有朋）

龚昌荣

中央特科"红队"队长

龚昌荣（1903—1935），出生于水南龙环里
（今属江门市蓬江区白沙街道），原姓李。曾化名
邝惠安、邝福安，是中共香港市委的"打狗队"队
长，周恩来直接领导的中央特科"红队"队长，一
位为党的事业英勇牺牲的革命先烈。

龚昌荣原姓李，少时因生活所迫，父母将他送给旅美华侨龚定宽（龚福利）做养子，从此改姓龚。龚定宽对龚昌荣很好，一直供他读书至中学毕业，又为他迎娶了同乡的张美香为妻。

1925 年，水南乡成立农民协会和农民自卫军，时年 22 岁的龚昌荣参加农民运动。同年 6 月，省港大罢工爆发后，龚昌荣前往广州参加洋务工会，加入省港罢工委员会纠察队，同时加入中国共产党。11 月，龚昌荣任纠

龚昌荣像

察队模范中队指导员。1926 年 10 月底，纠察队改编，龚昌荣任缉私卫商团某连政训员。这段时间里，他有更多的机会学习军事知识和技能，尤其是练习射击，为他后来成为百发百中的神枪手打下了坚实的基础。

1927 年龚昌荣参加广州起义，任工人赤卫队敢死队连长。起义失败后，随军撤至海陆丰地区坚持武装斗争，担任工农红军第四师连长。

1930 年 7 月，他奉命前往香港（当时中共广东省委所在地），担任"打狗队"队长，专门对付反动派安置在港的密探、特务和叛徒，先后秘密处决叛徒游体仁和香港政府侦缉队长谢安。香港当局震动，到处张贴通缉令，派出大批警察、密探进行搜查。在这种情况下，党组织为了保护龚昌荣的安全，密令他撤离香港，转移到上海工作。1930 年 10 月，龚昌荣转移到上海后，继续从事地下工作，任"红队"队长，先后化名邝惠安、邝福安。

1931 年 4 月 24 日，中央特科领导成员顾顺章在武汉被捕，当天叛变，牵连被捕的人员很多。根据周恩来的指示，龚昌荣迅速率领"红队"队员掩护中共中央领导人转移，使敌人对中央机关进行大破坏的阴谋没有得逞。之后几年，他率领队员与特务进行激烈搏斗，先后处决了国民党三大"反共高手"：中统特务、上海区长史济美，上海公安局督查、国民党中央驻沪调查专员黄永华，国民党密探雷大甫。

1934 年 9 月，"红队"追杀上海中央局内奸熊国华的"昼锦里谋杀案""仁济医院追杀案"，前后不到 10 天，被海内外各大媒体竞相报道，震惊全国，使敌特闻风丧胆。龚昌荣接到解决叛徒熊国华任务后，针对熊国华诡秘谨慎的特点，制订了一个周密的刺杀计划。他们让一名经常与熊国华联系、化名叫"巴本"的地下党员托人用暗语通知他，上海局的新领导人要亲自与他谈话，要求他于 9 月 15 日到英租界四马路昼锦里谦告旅馆开一个单间等候。熊国华受中统特务机关指示，正急着寻找中共上海局新领导人。他得到通知后，邀功心切，就这样钻进了"红队"设的圈套，在谦告旅馆遭到"红队"队员暗杀。可惜这次刺杀行动没有将熊国华打死。"红队"很快又侦查到熊国华被送到仁济医院治疗的消息。在龚昌荣的指挥下，9 月 26 日"红队"再次出击，结束了叛徒熊国华的性命。

龚昌荣　中央特科"红队"队长

1934年11月，由于叛徒出卖，龚昌荣、赵轩、孟华庭等"红队"队员不幸被捕。龚昌荣被捕后面对严刑拷打，坚贞不屈。中统局头目徐恩曾知道龚昌荣等个个都是神枪手，一度想将之收为己用，遭到龚昌荣等人的严正拒绝。

1935年4月13日下午4时，龚昌荣等人被国民党反动派绞杀于南京国民党宪兵司令部军法处。龚昌荣牺牲时，年仅32岁。中华人民共和国成立后，龚昌荣被人民政府追认为革命烈士。

（宋旭民）

廖侠怀

千面笑匠,粤剧廖腔创始人

廖侠怀(1903—1952),广东新会荷塘乡(今属蓬江区荷塘镇)人,生于清朝光绪二十九年(1903)。以演艺和创作戏剧针砭时弊。在继承前辈名丑的艺术上,以"中板""滚花""木鱼""板眼"付于跌宕有趣的创新、丰富,发展成为别具一格的廖派艺术,人称"千面笑匠"。

廖侠怀　千面笑匠，粤剧廖腔创始人

廖侠怀幼时随父移居南海西樵，不久父母均相继去世，十二三岁便离家到广州濠畔街鞋店当学徒谋生，后又转卖报纸。他从小就酷爱粤剧，经常跑到附近的海珠戏院，想去看戏，但因无钱买票入场，只好到戏院后台外面侧耳听戏，或用买菜的竹箩筐伏地垫高，从窗隙偷看。久而久之，就模仿演员唱、做、念、打各种动作。旁人见他如此迷恋粤剧，但嗓子并不嘹亮，更兼曾因出过天花，脸部留下不少麻子，就嘲讽他说："你这'豆皮仔'（麻子），还想学做戏，肯定你个衰样不会有出息呀！"

廖侠怀禀性刚强，别人的讥笑打击并没有把他吓倒，反而促使幼小的心灵磨练得更坚毅不拔。

因生活艰难，又听同乡长辈说到南洋容易谋生，于是，由两位当佣人的姐姐凑了一笔路费，让他跟同乡人离开广州到了新加坡附近一个小埠的工厂做车工。由于水土不服，他得了一场大病，贫病交煎，几乎性命难保，幸得一位姓吴的老工人对他悉心料理，才免当异乡之鬼。从此，廖侠怀就拜这位老工人为干爹，终生奉养。当时，廖侠怀日间在工厂干活，晚上就参加当地工人业余演剧活动。

廖侠怀约莫20岁那年，著名粤剧小武生靓元亨（绰名"寸度亨"）到新加坡公演粤剧。公演后的第二天，靓元亨偶然到工人剧社观看工人业余演出，他见到廖侠怀这青年演剧时富有激情，表情生动，颇有天才，十分赞赏，即席拍案叫好，而且答应收廖侠怀做徒弟。廖侠怀多年梦寐以求的理想终于实现了，从此他便把自己全部精力贡献给粤剧事业。

靓元亨对廖侠怀经过一段长时期的细心观察，认为这个徒弟适合演丑生，给他改了个艺名叫"新蛇仔"，以效当时著名丑生"蛇公礼""蛇仔利"之意。廖侠怀在新加坡跟随靓元亨学艺，不久便在舞台上崭露头角，有了些名气。当时著名的男花旦陈非侬亦非常器重廖侠怀的才能，曾向广州"梨园乐班"极力推荐。到20世纪20年代后期，"梨园乐班"聘请廖侠怀回国当第二丑生，遂改艺名为廖侠怀。

当廖侠怀满腔热情和希望回到祖国，却遭受到一场极不愉快的待遇。"梨园乐班"的班主和主要演员，见到廖侠怀衣冠不鲜，其貌不扬，都认为陈非侬等对他言过其实，个个对他变得脸色阴沉，白眼相加，而且冷嘲热讽。班主靓少华还当众嘲弄廖侠怀说："怎么请了一个'潮州柑'（麻子的绰号）回来呀？"引得一群人哄堂大笑。此后，廖侠怀的"潮州柑"浑号便不胫而走，到处传开了。

廖侠怀还在新加坡时，就与"梨园乐班"签订了两年演戏合同，然而戏班一直不让他上舞台，结果白坐了两年冷板凳。这期间，马师曾所在的"大罗天班"正当红极一时，马师曾也是靓元亨的徒弟，与廖侠怀有师兄弟之情，马师曾等廖侠怀与"梨园乐班"的合同期一满，就把这个师弟请到"大罗天班"当第二丑生。当时开排粤剧《贼王子》，廖侠怀担任扮演一个黑人王子，他精心设计了一段"中板"和"滚花"特别唱腔。这段新唱腔就是廖侠怀后来"廖腔"的雏形。曲词诉说了黑人王子被巴格达窃贼偷了飞毡时的仿徨心情。由于节奏明快、爽朗，抑扬顿挫，行腔流畅而且滑稽诙谐，马上引起观众强烈的反响和好感，同时受到粤剧界人士注目。继后"新景象"聘他担当正印丑

生，与薛觉先合作。在演出《今宵重见月团圆》一剧中，廖侠怀扮演了一个侠义黑人，为撮合郡主与驸马的一段姻缘而奔走历险。这个角色为观众格外喜爱，反而分散了观众对文武生的注意，因此与薛觉先产生了矛盾，两人只好分道扬镳。

从此以后，廖侠怀一直领衔演出，与编剧者合作，编演了一批独具风格的喜剧，还与音乐员合作，创造了韵味十足、新颖风趣的"廖腔"，登上了"四大名丑"（廖侠怀、半日安、李海泉、叶弗弱）的前列，并排行于五大流派（薛觉先、马师曾、桂名扬、白驹荣、廖侠怀）之末，成为名噪一时的粤剧艺人。

廖侠怀一生忠于艺术，最主要的爱好也是艺术。生平绝无恶习和不良嗜好：他不喝酒、不抽烟、不好女色、不赌钱，生活严谨，有"伶圣""廖圣人"的雅号。他有三大爱好：爱看书报、爱观摩戏剧、爱逛街。而他这三大爱好是有缘故的。

廖侠怀从来没有进学校读过书，每引为憾事，在鞋店当学徒时，他只能攻读夜学，卖报纸时，便用卖不出的报纸当作课本自学。因此成名之后，他对有文化的人特别敬重。他禀性本来很节俭朴素，过于节俭，这对于戏剧编剧者的发展可能会造成困难，而舍得，肯慷慨解囊，才能有求必应。在学习上有不懂的地方，不耻下问。有一次，他把曲词"病入膏肓"（"肓"读"荒"音）的"肓"字读成盲字，下台后，编剧者对他提出，他非常感激。他的徒弟们知道廖侠怀如此谦虚，敢于认错，每逢他生日，就合伙买一些好书籍送给师父作为贺礼，廖侠怀非常开心；他之所以爱好看戏，就是为了学习他人技艺的长处。他经常去看别个剧团演出，最崇拜的演员是粤剧名丑姜云侠和美国喜剧大师查理·卓别林。每有这两个人的戏和电影，他肯定连看几次，在艺术风格上，师承他们的优点。

廖侠怀爱逛街有他的特点，平日出门极少坐车，只求安步当车，一边走路，一边观察揣摩过路人的动态。有时走到珠江河畔，与水上的人家攀谈；有时伫立路边，静看走江湖卖艺；有时伴随着卖水果的小贩、卖咸脆花生的盲人后面，走遍几条街。一次，为了演一个麻疯病人，他竟然跑到东莞石龙麻疯病院去。他这样做，完全是为了观察生活，体验生活。曾有一次，他一连几个小时跟随着一个卖花生的人，后来应用在他演出《虾头挽龙头》（即《降服美人心》）一剧里，扮一个卖花生的小贩演得惟妙惟肖；又曾有一次，他在街头偶然看到一个患精神病的少女，境况凄凉。廖侠怀对她尾随不舍，听她说痴话，了解她的身世，同情她的遭遇。回家后，就把当时的文明戏《棒喝自由女》一剧编成粤剧《花王之女》，增加了迫疯的情节，使到该剧成为他的首本戏。至今还不断有剧团拿这剧本上演。

廖侠怀擅长反串女角，因此他经常留意观察小脚女人走路。有一次，他逛街见到有婆媳二人吵架，就站在旁边细听根由，回家后就构思了一出《扭纹媳妇恶家姑》的闹剧。故事内容暴露了一个恶家姑欺压善良的穷媳妇，并把她迫走，另找一个富家女回来，反被扭纹（犟脾气）的新媳妇欺凌。由于生活气息浓厚，廖侠怀饰演那恶家姑的角色，惟妙惟肖，观众百看不厌。

廖侠怀出身贫苦，童年时适逢辛亥革命，广州是革命的发源地，廖使怀兴奋地接受社会变革的洗礼，但后来革命胜利的果实被窃国大盗袁世凯夺去了，社会一样黑暗，他迫于生活只好远走南洋。到20年代末，廖侠怀回归祖国，又逢大革命失败，广州起义被镇压了，人民处于白色恐怖之中，不久又爆发了抗日战争，廖侠怀长期处于战乱的艰难时世，他不满现实，深切地同情劳苦大众。平时他喜欢接近劳动人民，与一位名叫添叔的艄公义结昆仲，一有空闲就到添叔的大良渡船上谈天说地，著名粤剧《甘地会西施》就是在船上构思出来的。

廖侠怀的两个姐姐都是当佣人的，他的妻子也是个佣妇的女儿，自小随着母亲在大户人家当丫头，备尝艰苦。廖侠怀对婢女出身的妻子几十年相守，敬爱如一。由于他生活在劳苦大众之中，因此能感受到劳动人民的疾苦，当他看到社会上不少良民，由于得罪权贵，无辜入狱，于是创作和演出了《罪》（上、下集）、《罪上加罪》两个戏，他扮演一个富于同情心的穷汉为了帮助一个受豪强欺侮的女子，最后无辜入狱。该剧影射国民党贪污腐败，欺压百姓，揭露旧社会的黑暗，后来被国民党政府下令禁演此剧。

有一次，廖侠怀针对土豪劣绅囤积居奇，令米价飞涨，百姓叫苦连天的现实，便编演了《大喊十卖平米》一剧。剧中描写某地的"大天二"鱼肉乡里，把粮食囤积居奇，作恶多端，而他有一个弟弟名叫"大喊十"（廖侠怀饰）是一个憨厚的人，不屑兄长所为，偷偷把他囤积的大米贱价出卖给穷人，还把哥哥捉弄一番。这戏一公演，社会上的反响极大，人心大快。但各地的"大天二"则气急败坏，既派爪牙，又写匿名信威胁恐吓廖侠怀，扬言要置之死地，说什么'潮州柑'，你若敢到我的地头演出，就打死你！"

20世纪40年代，国民党政府的金元券贬值，百物腾贵，人民生活朝不保夕，廖侠怀当然亦身受其害，他精心设计了一件奇特的戏服，全身上下都用贬值的金元券纸币贴成，在《六国大封相》演出时穿起，一出台全场哄动，啼笑皆非，看完戏后，社会上对金元券议论纷纷。国民党反动派大为震怒，斥责廖侠怀侮辱"国币"，要挟锁拿，后来勒索了1000元港币作为罚款才算了事。廖侠怀事后对朋友说："为大家出一口气，罚1000元也值得。"

抗战胜利后，美国运来了救济物资，大都是一些过时变质的奶粉，比石头还硬；另外还有一些国民党接收大员，勾结奸商，贪污救济物资，把里面的奶粉偷换上石头，大发洋财。廖侠怀知道此事，十分气愤，于是在《贼子戏状元》一剧里，加了一段台词来加以揭露和讽刺。他在此剧饰演佣嫂的丈夫周日清，佣嫂叫他不如去做生意，他就说："我不会做生意，因为一不会呃（骗的意思），二不会偷，三不会奶粉变石头，那些人偷偷摸摸发洋财，做什么都比我们好……"虽然台词与剧情无关，但指桑骂槐，说出了人民的心声，每演到此，台下观众连连喝彩，掌声雷动。

又如《甘地会西施》一剧，他运用了浪漫主义的手法，写印度圣雄甘地与中国的西施相会，西施带着他游览水晶宫，遇见了中国古代历史人物，在会见之中，廖侠怀借甘地之口，歌颂了中国的民族英雄，抒发了爱国主义的思想。作为一个艺人，如此立场正确，爱憎分明，委实不可多得。

由于廖侠怀在演戏中针砭时弊，得罪了国民党政府，因此常常受当时广州市警察局的刁难。《甘地会西施》一剧当时也遭广州警察局侦缉科长李彦良的禁演。在廖侠怀第一次领衔组班的时候，也被警察局勒索。当时由于演《火烧阿房宫》上座率很高，侦缉科长陈值云就插手要当班主，把赚来的钱囊括一空，弄得廖侠怀狼狈不堪，赔本散班。

廖侠怀继承了前辈名丑的艺术特色，并加以丰富，发展成为别具一格的廖派艺术，饮誉省港，深受观众欢迎和赞誉，被公认为丑生行当中的"千面笑匠"。他能扮演各式各样的人物，甚至不论男、女、老、少、盲、哑、癫、呆、麻疯病人，演什么像什么，反串女角更为出色。他演过慈禧太后、《西厢记》的红娘、《花染状元红》的四姐以及《穆桂英》中的穆瓜，身段台步酷肖小脚女人，仪态眼神宛如古代妇女。演谁像谁，精细入微，形神俱备。

廖侠怀　千面笑匠，粤剧廖腔创始人

　　廖侠怀的口才很锋，伟论雄辩，滔滔不绝，吐字清晰，人说"一句口白千斤重"，他咬字打入观众的心坎。演戏每到高潮之处，他往往来一段口白，说得声泪俱下。赢得台下一片赞好的掌声。

　　廖侠怀的唱腔（"廖腔"）的特色近似马师曾（"马腔"），他尤其是擅长唱"中板""滚花""木鱼""板眼"，跌岩有趣。他是一位很有成就而且品格甚高的演员，他的首本戏《花王之女》、《大闹广昌隆》等，深得观众喜爱。1952 年 5 月因患喉癌治疗无效，在香港逝世，终年才 49 岁。

（陈一峰、蒙胜福）

叶 汉

倡议兴办五邑大学第一人

叶汉（1904—1997），新会县紫坭乡（今属江门市蓬江区白沙街道）人。港澳著名企业家，澳门博彩业大亨。叶汉爱国爱乡，是重医重教的慈善家，曾积极捐资筹建五邑大学，是五邑大学筹委会第一批委员。

叶汉 10 多岁时，经世叔叶作鹏介绍，进澳门诚成赌场做荷官。叶汉凭借精湛的技术很快在赌场蹿红，成为最出色的荷官。

1930 年，叶汉过档豪兴公司，豪兴公司集中了许多赌场来的荷官，都不是等闲之辈。叶汉很快从众荷官中脱颖而出，成为公认的头牌荷官。叶汉最擅长骰宝，他能营造气氛，他的骰宝台总能吸引最多的赌徒，他动作迅速利索，有板有眼，不参赌的人看他"表演"也能饱尝眼福。

叶汉先后在赌王卢九和傅老榕经营下的赌场任职。但他不甘屈于人下，时刻想有自己的赌场。1946 年，叶汉到香港经营酒楼，又曾在中山石岐及西贡开设赌场。但是当时解放战争爆发，生意一落千丈，叶汉虽有雄心壮志，仍然是铩羽而归。

叶汉雄心勃勃，不断尝试夺取澳门博彩业经营权。1961 年，叶汉组建竞牌新财团，先把澳门富商叶德利拉进来。叶德利又以葡国国籍和澳门生意为理由，说服叶汉让何鸿燊加盟。1961 年 10 月上旬，叶德利、叶汉、何鸿燊组建的财团以微弱优势险胜，拿到赌牌，成功投得澳门博彩业专营权。随即，澳门娱乐公司成立，叶德利担任公司董事长，何鸿燊担任总经理，叶汉担任赌场总经理。至此，当年的金牌荷官终于成为澳门博彩业炙手可热的掌门人之一，叶汉也圆了自己的人生心愿。

1972 年，世界发展公司组建，叶汉为常务董事。后公司以发展沙田世界花园一炮而红。1980 年，他通过世界发展（海外）公司创办赛马车会，又中标金钟地盘，兴建统一中心。1982 年，他将澳门旅游娱乐有限公司股份以 3 亿元卖给郑裕彤。1985 年，他又将赛马车会以 5 亿元转售给台湾。1988 年，叶汉独自经营"东方公主"号赌船，在公海开赌业。他令当代澳门博彩业迈进一个高速发展的新时代，堪称澳门的一代赌圣。

20 世纪 90 年代，叶汉是香港永明贸易有限公司董事长、金城财务香港有限公司董事长，经营的业务主要是物业收租和财务公司。他在香港及美国、加拿大拥有大批收租物业，持有上述两个公司的主要股权，财产估值超过 12 亿港元，是名副其实的亿万富翁。

叶汉精赌，一生参与过无数的赌局，赢过无数钱，也输过无数钱。他在赌场上，看透人情冷暖世态炎凉。晚年的叶汉终于幡然醒悟，开始总结自己的赌博人生，写下了不少劝谕世人远离名利的哲理金句。他一再强调，小赌怡情，大赌败家，不赌为赢。他撰写打油诗，教诲年轻人不要步他后尘，其中一首打油诗是这样的：大梦谁先觉，平生我自知；博彩缘偶遇，传世不适宜。这首诗被刻在葡京娱乐场的入口处，

叶汉像

用以警醒赌客。

　　叶汉对港澳地区的公益慈善事业多有捐赠。他的热心公益、乐善好施令他获得一系列令人瞩目的社会荣誉：葡萄牙大十字勋章勋爵、英国 OBE 勋章、罗马教廷一世剑袍爵士、法国骑士级勋章、日本瑞宝勋章、马来西亚拿督斯里荣誉、澳门东亚大学（现澳门大学）社会科学系荣誉博士、香港大学社会科学系荣誉博士、天津市荣誉市民、广州市荣誉市民等。

　　他更是爱国爱乡的港澳乡贤，举凡家乡公益、文教事业，他一定慷慨解囊、积极捐献，是有口皆碑的慈善家。叶汉富贵不忘桑梓，为故乡江门做了很多好事实事，深受家乡父老乡亲的好评和赞颂。

　　叶汉父亲叶纪南生前以"济贫兴学"训勉儿孙，使叶汉早年就把广办学校为社会育才引作宏愿。1983 年初，叶汉听闻江门市华侨中学恢复重建，缺乏建设资金，他马上响应筹建号召，捐资 135 万港元给江门华侨中学，兴建新的教学大楼。在叶汉的带领下，江门市旅外乡亲欧阳瀚、黄景春、冯波赞等也相继慷慨解囊，共筹集了建新教学楼经费近 200 万元。这座教学楼建筑面积 3250 平方米，高 23 米，共 6 层楼房，有 20 多个课室和 1 个体操室、教师休息室等，仅用了一年零一个月的时间，便连同改建了的校门、围墙，全部高标准地竣工。因为叶汉捐资最多，根据他的意愿，这座教学大楼以其父亲的名字命名，在楼门上镌镶着"叶纪南楼"的大理石匾。

　　1983 年 9 月，江门市召开第一次归侨、侨属代表大会。与会代表们一致通过由旅港乡亲叶汉先生等提出的在江门办大学的倡议，这与当时市委、市政府的设想不谋而合。但是，按照当时的条件，创办大学的难度可想而知。叶汉又响应五邑大学筹建委员会的号召，积极捐资筹建五邑大学。他乐意成为五邑大学筹委会第一批委员，对家乡创办大学感到格外高兴。叶汉还于 1984 年初，回江门参加五邑大学的奠基典礼，表示了他支持发展家乡教育事业的赤诚之心。

此外，叶汉还慷慨解囊，多次资助江门市中医院（今江门市五邑中医院）等医疗卫生事业的发展。1993 年 11 月，江门市人大常委会和市人民政府分别授予叶汉"江门市荣誉市民"称号及"江门市区贡献奖"，以表彰他对家乡的贡献。

叶汉热爱家乡，思念家乡，1997 年逝世后，他的家人把他埋葬在家乡。

（黄柏军）

黄一飞

舍身为国的爱国华侨

黄一飞（1905—1986），号启图，祖籍广东新会县杜阮镇（今属江门市蓬江区杜阮镇），爱国华侨。黄一飞为人忠直厚道，肯舍己为人，是公认的工人领袖，后来又成为华侨社区的名贤和领袖。他为了不让日寇得到可以利用的战略物资，孤身犯险炸掉巨港最大的油厂。黄家满门忠烈，投身抗日不畏牺牲。

　　黄家祖祖辈辈都是贫农，生活非常艰难。黄一飞的父亲黄树渠人穷志气高，他目睹朝廷的横征暴敛，不满清廷的政治腐败，毅然参加了孙中山领导的同盟会，跟随革命队伍东征西讨。在辛亥革命胜利之后，他从一个普通战士提升至国民革命军营长。黄树渠从事军旅生涯直至1926年7月北伐战争开始，他参加了叶挺将军领导的国民革命军，挥师北上，在一次战斗中因受伤离开军营回到家乡杜阮，和妻儿一起务农。

　　由于黄树渠一家人口多，经受不起天灾人祸，又一贫如洗。年轻的黄一飞，为了年老的双亲和三个年幼的弟弟能够活下去，经乡人介绍，他决心"卖猪仔"闯南洋，希望凭借自己的双手开创出一条生路。

　　黄一飞被塞在船舱下面，在海上一连多天航行，不分日夜总觉得天昏地暗。死里逃生的黄一飞，昏沉沉地不知什么时候到达岸上，待醒来才发觉自己已经躺在椰树林里一个肮脏的"猪栏"之中多日。这里就是印尼的城市巨港。幸好当地有一位开中药铺的新会籍乡亲黄老板，前来"猪栏"看望，经了解黄一飞的遭遇后，黄老板出于乡情，便慷慨地解囊为他赎身。过了一些时候，黄老板便介绍他到石油工业区的油厂去打工，从此他才有了安身之处。

　　黄一飞初到油厂，自知不易，于是勤勤恳恳，拼命地埋头苦干，他待人的态度很好，又肯帮助别人，厂里的工人大多愿意接近他。他

21 岁那年经一位老工友介绍，娶了同是新会籍的谢氏为妻。成立家室之后，夫妻感情很好，两口子很合得来，夫妻同甘共苦努力干活，互相扶持，生活虽然很清贫，有了几个儿女，小家庭也感到乐融融。黄一飞苦心钻研业务，工作有所创造，对印尼当地油厂做出许多贡献，于是被提升为技工，月薪增加不少，生活比从前有所好转。他一共养育了四男三女，由于妻子懂得把持家务，量入为出，因而子女们都能够受到良好的教育。

在印尼巨港市"勿拉柔"石油工业区的工人们，谁都知道黄一飞的名字，他为人忠直厚道，肯舍己为人，是一个心中常想着苦难工友的人。工人们如果有什么事要找他帮忙，他都会全心全意地为之出力，哪一家有困难他都愿意为他们排忧解难。因此，全油区的工人们都很尊敬他。

当时油厂的工作和生活环境十分恶劣，三四千个散工收入低微，加班加点时间又长，没有休息假期。黄一飞十分体谅工人们的苦处，他一心要为工人谋求福利，他联络广大工人，宣传教育大家团结起来，经过许多曲折终于成立了工会，大家一致选举他为工会副主席。此后他为工人们做了大量工作，改善了工人的福利，减轻了不合理的工作负担，适当增加收入，改善工人的居住条件，改善了工厂和住宅区的卫生条件。创办了工人子弟学校，他被选为学校的董事长，争取贫穷子弟免费入学及取得免费医疗的待遇。工人子弟学校在黄一飞的精心培育下越办越好，成绩斐然。黄一飞自然成为公认的工人领袖，后来又成为华侨社区的名贤和领袖，受到当地华侨及广大各族人民的敬重。

1931 年，世界经济不景气，印度尼西亚的矿区及油厂的生产也受到很大影响，厂方不得不将全部的散工解雇，留下的工人也大幅度降低收入。黄一飞便携带儿女回去故乡杜阮。可是谁知一回到乡下，面对的情况更加恶劣，当时国内连年兵荒马乱，加上 1932 年特大灾荒，中国大部分的农村破产，许多人流离失所，饿殍遍野，令人目不忍睹。而此时黄一飞杜阮老家的情况更惨，比他出洋之前更差，家人及乡亲们依然是挨饥受饿。他勉强住了一年多之后，便又重返印尼巨港油区。

抗日战争时期，黄一飞听到日寇侵华的消息满腔怒火，积极向工人们宣传抗日道理。后来听说自己的父母死于战乱之中；大弟黄铁曾参加地下抗日游击队，在一次战斗中负伤被俘，受到酷刑拷打，仍坚贞不屈，闭口不供，被日寇装进麻袋里沉入江底而牺牲；二弟黄铁孙到新加坡当工人，在当地参加华人抗日队伍，不幸被日军逮捕，送到泰国北部修筑"死亡之路"而惨死。黄一飞的家族一门忠烈。面对一连串的沉痛消息，他发誓要与日本鬼子抵抗到底。

在日寇未抵达印尼巨港之前，黄一飞为了不让日寇得到可以利用的战略物资，召集工会干部共同研究，决定首先要炸掉巨港最大的"勿拉柔"油厂，不让敌人得到一滴油。他郑重提出：由他一人操办即可，不要连累众人。

在日寇登陆的前夜，黄一飞孤身一人摸入厂区，首先把厂里的消防系统全部破坏。然后，他用全身的气力拧紧日夜向天空喷射火焰的油气管道，火焰熄灭之后，他随即引爆爆炸装置。并飞奔向摩西河边，纵身跳入又深又阔的河里，潜入水底急游向彼岸。油厂在他身后发出"轰隆"巨响，被炸得稀巴烂，原油冲天四散，炽热的火团满天滚动，连河面也成为一片火海。黄一飞刚爬上对岸，火团就烧近他身边。他急急飞奔向预定的树林中换了衣服，骑上预先放置的自行车，急驶向安全的地方。他望着那座数十年来在那里工作的油厂，已变成一片火海，不胜感慨，然而心头也感到非常高兴，因为抗日的第一炮已成功了，胜利了，比消灭一营日本鬼子还要痛快。他的英勇事迹在当地广泛地传开来，人们都尊敬地称呼他为气盖河山的"孤胆英雄"。

爆破油厂的那一夜，他摸索到天亮才抵达山芭的工人安置区。从此，为了避开日本鬼子的搜捕，他隐姓埋名，和当地土著生活劳动在山野之中。他开荒种地，饲养家禽，自食其力，和当地人民群众结下深厚的友谊。

日本投降后，印尼被日寇占领的土地全面光复。黄一飞便从山芭地区回到巨港油区，和爱国侨领王源兴、黄赐麒、白辰恭等侨界领袖在一起，协助华侨恢复家园，从事生产，并对广大华侨进行爱国主义教育。

黄一飞在巨港协助当局接管油厂，团结各族工人技工，千方百计修复机器，恢复生产。油厂恢复了工会组织，他仍然被选为工会副主席，复办工人子弟学校，油区出现一片勃勃生机的景象。

国内解放战争期间，黄一飞所领导的油区工会，旗帜鲜明地坚决拥护中国共产党的主张，不断地揭发国民党反动派的虚伪宣传。1948年5月20日，蒋介石排除共产党在外，单独召开伪国大，宣布就任大总统。巨港华侨总会和"勿拉柔"油区工会坚决抵制国民党的伪选举，宣布所有进步的华侨团体不放假、不挂旗、不游行、不开庆祝会。这次"四不"行动，得到广大华侨工人群众的热烈支持，挫败了国民党反动派在海外的宣传活动。从此华侨总会和地区工会的威信，在人民群众中大大提高。

在国内抗美援朝期间，黄一飞联合爱国的港澳同胞、海外华侨，进行针锋相对的反封锁斗争，祖国缺什么便运什么，源源不断地保证前方的需要。战争期间最紧缺的是石油，被称为"铁胆子"的黄一飞千辛万苦通过荷兰渣华轮船公司，一次又一次地把石油运进中国，实实在在地支援了抗美援朝，为祖国人民打击侵略者立下大功。

1961 年，印尼发生反动政变，新政权的军队大肆屠杀了 10 万名印尼共产党员，在社会上大造声势，进行反华、排华，彻底摧垮了华侨在印尼的经济基础和文化设施，华人的进步团体及其成员全部遭到残酷迫害。黄一飞的夫人为了逃避灾难，携带子女回到广州来，而黄一飞却因年届六十、身体不适及其他原因仍留在印尼隐居下来。他妻子谢氏定居在广州市后，积极地参加社会工作，曾被选为广州市荔湾区人民代表，她是侨联工作和街道治安工作的积极分子，一直活跃到古稀之年，于 1989 年逝世，享年 78 岁。

20 世纪 80 年代，印尼政府和中国恢复邦交，两国人民之间才逐渐有所来往。1984 年，中央侨务委员会主任何香凝，副主任廖承志、方方等特别邀请黄一飞回国观光，参加国庆大典。黄一飞时年 79 岁，仍克服年老体弱、行动不便的困难，应邀回国。这次亲睹阔别 30 多年的祖国日新月异，他内心激动异常。黄一飞站在天安门观礼台上，看见彩旗招展，游行队伍，个个意气风发地挺起胸膛，他不禁也举手欢呼"祖国万岁"。这位历经沧桑、铁打不屈的硬汉子，竟然抑不住情感，两颊老泪纵横。在中侨委的欢迎宴会上，他虽然已戒酒多年，竟然也激情满怀地痛饮了一大杯，衷心恭祝祖国"繁荣昌盛"。他表示虽然已到耄耋之年，仍然要为祖国作出力所能及的贡献，并谆谆教育子女"莫忘家乡"，要为祖国、为桑梓作出奉献。如今黄老先生的儿女除了一男一女留在印尼之外，其余的三男二女都在国内创立了许多事业，在全国 10 多个城市都有投资，为祖国的经济发展作出了应有的贡献。

（黄柏军　罗凌）

胡剑卿

共产党的忠实朋友

胡剑卿（1904—1952），出生于广东省顺德县九区藤马乡白藤上村（今属江门市蓬江区荷塘镇），著名爱国教育家。胡剑卿曾考入黄埔军校，参加北伐战争，带领乡民投入抗日救亡运动。他曾帮助珠江纵队主力部队 500 多名抗日战士夜渡西江，成功实现珠三角抗日武装的战略大转移。胡剑卿爱国信念坚定，家族经营的"迎珠茶楼"成为地下党接头地点和接待站。

胡剑卿自小聪颖，求知欲强。他青年时代在广州读书，曾参加"六二三"爱国群众游行示威，后毅然投军从戎，考入黄埔军校第四期学习。其间，胡剑卿有幸得到周恩来、叶剑英等师长的指点和教诲，立志为改造旧世界、建设新中国而奋斗。

毕业后，胡剑卿与同班同学一起参加北伐战争，作战勇敢，屡立战功。"二七"惨案发生后，鉴于国民党右派叛变革命，他不愿狼狈为奸，也不愿同流合污，于是返回老家办教育事业。1927年，他在白藤上村筹办了梅溪小学，既当校长，又任教员。梅溪小学是当时著名的进步学校，吸引着当地众多爱国青年前来接受革命思想启蒙教育。胡剑卿巧妙地用办夜校、读书班等生动活泼的形式发动青年和妇女，宣传抗日救国道理，团结广大农民群众掩护和支持革命活动。

胡剑卿虽然不是中共党员，但是他是中国共产党的忠实朋友，也是中共地下党组织的重点统战对象。受中共地下党的委托，胡剑卿以

胡剑卿像

顺德、新会胡姓宗族族长的身份，通过荷塘塔岗、深涌等村胡姓人士的统战关系，为革命武装筹款、借枪等做了不少工作。中共地下党组织先后在顺德、中山、新会、鹤山等地开展抗日宣传和革命活动。梅溪小学又成了中共地下党联系新会、鹤山、顺德和中山等地的秘密联络点。

当时，中共地下党员容忍之等在荷塘地区组织抗先队，进行宣传抗日工作。胡剑卿与容忍之来往密切、无话不谈，积极响应其抗日倡议。他身体力行，带领梅溪小学师生热情地投入抗日救亡运动，曾先后到附近的沙坪、棠下、小榄、均安、逢源等圩市宣传抗日救亡的意义。每到一处，梅溪小学师生就高唱抗战歌曲以鼓励群众，卖花劝捐，筹款购买飞机大炮，开展捐募棉衣、慰劳袋等支援抗日前线将士的活动。

日寇占领江门后，有次试图在荷塘登陆，当地群众群情激愤奋起抵抗。胡剑卿作为黄埔军校毕业、受过正规军事训练的军人，身先士卒冲锋在前。他带领白藤方面的群众拿起各式长短武器紧急支援良村、篁湾村。

胡剑卿总是热情鼓励有热血、有理想的青年投身抗战事业。在他言传身教和影响熏陶下，当地爱国青年胡锦鸿、胡耀桐、胡连润、胡启辉、胡彦植、胡其沛等7人参加中山县五桂山抗日游击队。胡连润、胡其沛两位战士不幸在孖沙战斗中光荣牺牲，为抗战事业献出宝贵生命。在胡剑卿的教导支持下，他的侄子侄女一辈共有胡丽美等5人投笔从戎，先后投身革命队伍中，胡家成为远近闻名的"红色家族"。

1944年，胡剑卿帮助珠江纵队主力部队500多名抗日战士夜渡西江，成功实现珠三角抗日武装的战略大转移。当时，500多人的大部队要借用荷塘塔岗村渡头顺利乘船渡江，不是一件容易的事。因为人多目标大，容易遭到敌人拦截；而荷塘又是中山、顺德、新会三县边缘交界处，日军、伪军、土匪各种武装势力犬牙交错，局面非常复杂，稍有不慎，将把珠江纵队陷进四面包围的绝境之中。容忍之、胡剑卿、胡耀椿等联手合作，对渡江主要威胁者、长期盘踞在塔岗乡的日伪特务大队长李桂元部，进行监视与防范，并着力解决紧缺的大批船只及船工问题。10 月 21 日，胡剑卿、胡耀椿动员当地热心乡亲帮送水送饭，热情招待珠江纵队的游击队员。提早招募的 50 多只农家艇准时到达塔岗码头，趁着浓浓夜色，珠江纵队 500 多名战士登船顺利驶向彼岸。

渡江之后，中顺新边区工委负责人据此意识到塔岗村扼守西江要害位置，是中共地下党重要的交通命脉，于是部署歼灭消极抗日、顽固反共的广阳守备区敌后工作队李桂元部。胡剑卿、胡耀椿积极为游击队当向导，还配合海洲袁世根的抗日自卫队、容忍之的三良自卫队，围剿消灭这股臭名昭著的反共顽军，射杀匪首李桂元。

由于常常为共产党办事，胡剑卿受到国民党反动派的注意和记恨。他曾被顺德县九区伪区长欧阳培派兵追捕三次，有几次全副武装的敌兵甚至重重包围梅溪学校和白藤市，幸得每一次危难均事前得到中共地下党紧急通知才得以走避。

胡剑卿有理想、有追求，面对荣华富贵不动心不动摇，有坚定的爱国信念。1945 年日寇投降后，国民党反动派从消极抗战转为积极"劫收"，胡剑卿在黄埔军校的同学大多数当了广州沦陷区的接收大员，老同学为了照顾他升官发财，多次写信邀请他去广州捞个一官半职，参加"劫收"勾当，他断然拒绝了这一引诱。

作为黄埔军人的胡剑卿再次义无反顾选择了中国共产党，决心与中国共产党共同进退。胡剑卿担任校长的梅溪小学处于顺德、中山、新会三县交界敏感地带，在打倒国民党、实现解放全中国的伟大事业中又担负起新的任务。为了支援革命，胡剑卿将家族经营的"迎珠茶楼"秘密成为地下党接头地点和接待站。

为了开辟新的革命据点，胡剑卿动员自己的学生、开明士绅胡耀椿在塔岗村兴建一所新学校。胡耀椿提供家族企业民兴糖厂闲置的厂房、场地作为立本小学校舍，并出资作为办学经费，并以校董会主席名义聘请胡剑卿担任立本小学校长。立本小学既是塔岗村小孩子读书的学校，又是村民听形势听报告的课堂，邓冰华、李平心、周悦芳等中共地下党员教师白天为孩子们教学，开展进步宣传，晚上又办革命干部培训讲学，胡剑卿校长亲自讲授军事课程。其间，他们把大批立本小学毕业生、塔岗村爱国青年送到游击区、送进荷塘黎明连，充实革命队伍。

立本小学还是国共双方关于江门、新会和平解放的协约起草地点。1949 年 10 月，驻守江门的广东暂编第二纵队（即坚忍部队）计划在江门就地起义，向中共投诚。坚忍部队派出独立大队长冯畅卿来荷塘塔岗村与粤中纵队第六支队代表容辛秘密会谈。在胡剑卿、胡耀椿的周密部署下，国共双方代表在塔岗村立本小学秘密协商"坚忍部队"起义的计划，并签订了初步的书面协定。直至江门解放前夕，胡剑卿组织青年民兵武装在上村、深涌进行夜间大练民兵，为抵抗国民党反动派垂死反扑以及为组织地方武装解放江门、新会作准备。

胡剑卿有爱国心，有威望，办事公道，敢于为民请命，所以他在当地德高望重，群众对他十分尊重。在江门、新会解放前夕，荷塘地区中共党员陈能植等同志在接收荷塘乡公所时，曾建立临时的"荷塘藤马乡务委员会"，还推举胡剑卿为乡务委员会主席、陈能植为副主席。"荷塘藤马乡务委员会"是新会解放后最早成立的乡政权之一。

　　江门、新会地区解放后，经邓瑜碧同志推荐，胡剑卿参加新政权的筹建，并曾参加江门城乡联络处工作。可惜在解放初期的土改运动中，地方土改出现很多"莫须有"罪名的冤假错案，胡剑卿也被当作阶级敌人进行残酷批斗。胡剑卿不甘受辱，1952年5月在家乡自缢身亡，时年48岁。党的十一届三中全会之后，关立、容忍之、容辛、胡丽美等呼吁为胡剑卿平反。1986年10月，胡剑卿的冤案终于得到彻底平反，恢复了他作为爱国教育家、开明士绅的名声。

（黄柏军）

李少石

周恩来的秘书

李少石（1906—1945），原名国俊，又名振，字默农，因革命需要化名少石，祖籍潮连乡富岗村（今属江门市蓬江区潮连街道）。1926 年加入中国共产党。1927 年前往香港从事秘密工作。1932 年奉命到上海工作。1934 年因叛徒出卖被捕直到 1937 年获释出狱。1943 年李少石奉调重庆，公开身份是《新华日报》记者兼编辑，实际在八路军驻渝办事处外事组任周恩来的英文秘书。

李少石出生于香港一个商人家庭，毕业于香港皇仁书院中学，后随祖父李胜迁回广州居住。1924 年，他入读岭南大学。

1925 年，省港大罢工发生后，香港全市工人响应罢工。可是李少石的祖父李胜在香港原来经营的"胜记牛栏"，有人私自开工宰牛，因破坏罢工要捉拿老板。结果早已回广州定居的李胜在毫不知情的情况下，被罢工委员会的武装纠察队逮捕了。李少石十分着急，遂找同学廖梦醒帮忙。廖梦醒热心地带李少石去找父亲廖仲恺，廖仲恺直接把他领到罢工委员会，罢工委员会很快就把李胜释放了。

李少石像

不久，因为"沙基惨案"后在学校抗议英国教师的帝国主义言论，李少石和两名"新学生社"的同学被学校开除了。才一个月多，廖仲恺被暗杀牺牲，廖梦醒痛失最爱她的父亲，极度伤心，大病了一场。李少石常去看望廖梦醒。后来，岭南大学因为廖梦醒早前参加"反基督教大同盟"和"六二三"大游行而不满，在廖仲恺牺牲后便无所顾忌地让她"休学"。这样，两人就离开岭南大学，成为患难之交。走出岭南大学之后，两人因为革命的事业走到一起，志同道合，成为一对革命夫妻。当时罢工委员会急需干部，李少石在委员会工作，结识了时任中华全国海员总工会主席陈郁。因为他是大学生，有文化，懂英语，就被陈郁安排到海员工会任英文秘书，负责到港口与外国轮船联络的工作。在陈郁的介绍下，李少石于1926年加入中国共产党。他还把祖父在广州河南龙光里的家，作为陈郁等革命同志的秘密集会地点。

不久，李少石被调回香港建立秘密交通站，负责联系上海中央和苏区中央。因为党的地下工作，两人在香港安家。他们将自己的家作为交通站据点，在这里，他们曾接送过邓小平、蔡畅等共产党领导人转程上海。结婚次年，他们的女儿李湄出生，给他们艰辛的小家庭带来了莫大的乐趣。

1931年初春，李少石带着廖梦醒去见中共广东省委书记蔡和森。蔡和森问了廖梦醒很多问题，她都对答如流。由于廖梦醒的出色表现，在这次谈话后不久，党组织决定由李少石和黄龙介绍，吸收她入党。

1933年5月，李少石奉命调任中共江苏省委宣传部部长，兼中共第一个对外宣传机构"中国工人通讯社"的负责人。李少石和廖梦醒回到上海，廖梦醒由于日、英、法语功底深厚，便以"仙霏"的化名从事中译英的工作，成绩显著，被大家誉为"红色翻译家"。

1934年2月28日，李少石因叛徒出卖被捕入狱。他的女儿李湄在传记《家国梦萦——母亲廖梦醒和她的时代》中，描述父亲被人出卖后的情景："由于江苏省委内部出了叛徒，1934年2月28日，李少石被国民党当局逮捕，同时被捕的还有帅孟奇、钱瑛等人。被捕后，为了把自己被捕的消息巧妙地告诉家人，当特务问他的住所时，他把特务带到何香凝寓所。

此后，李少石被囚于南京监狱，次年转解苏州反省院。他从上海被解往南京时，面对敌人的严刑拷打，他写了一首题为《南京书所见》的七言绝句："丹心已共河山碎，大义长争日月光。不作寻常床篑死，英雄含笑上刑场。"表达了一个共产党人临难之时英勇无畏、宁死不屈的英雄气概，映照着他参加革命以来，对党的赤胆忠心和钢铁般的坚强意志。

李少石被囚，廖梦醒心急如焚，为他四处奔走无果，特别珍惜每月一次探监的机会。她除了给丈夫送些物品外，更主要的是给他精神上的安慰。同时告诉他，周恩来先生已经知道了他被捕的事情，正在想办法营救。

1937 年 8 月，周恩来在国共谈判中提出释放政治犯。李少石终于走出了苏州反省院的牢门。

出狱后的李少石与廖梦醒随何香凝同栖上海，开展秘密工作。不久，上海沦陷，他们再次和何香凝一起转移香港，定居九龙"双清楼"，积极支持宋庆龄的"保卫中国同盟"事业，押运海外支持的物资，支援八路军抗日。

1938 年初，党中央派廖承志到香港，与李少石、廖梦醒、潘汉年、吴有恒、连贯、张唯一等人召开秘密会议，决定在香港皇后大道18 号开一家茶叶商行作为掩护，而商号后楼就是八路军驻香港办事处。年底，宋庆龄也转移到了香港，廖梦醒和李少石一起协助开展香港"八办"工作，并且协助宋庆龄的"保卫中国同盟"工作，进行海外宣传和争取国际社会支持抗日物资，开始了 4 年卓有成效的"香江岁月"。

为了防止办事处暴露，廖承志、潘汉年制定了严格的纪律，不准照相和赠送照片，不得与亲戚、同学、朋友通信来往，组织大家学习隐蔽斗争方法。办事处卓有成效的工作，引起了敌人的恐慌。港英当

局在 1939 年 3 月 11 日清晨，派出侦探突然包围了"粤华公司"，逮捕了连贯等五人。李少石得知消息，在掩护中躲过了搜捕，急忙把消息告诉廖承志。廖承志马上急电报告周恩来，然后和李少石向港督杨慕琦提出抗议。周恩来在重庆与卡尔逊将军反复交涉，50 天后港英当局才将连贯等人释放。

1941 年 12 月 25 日，香港沦陷，地下工作也难以开展，他们负责安排送宋庆龄飞往重庆。1942 年春节前夕，李少石夫妇把女儿李湄交给何香凝，等她们坐东江纵队的船离开香港后，随机打扮成渔民模样，乘坐渔船经伶仃洋偷渡到澳门。他们由党安排转移到澳门数月后，曾通过黄健安排，在柯利维喇街的一间房子里居住了数月，李少石则留在澳门坚持战斗一年多，等待党的指示后，才转往香港工作。

1942 年 5 月，廖梦醒接到中共中央军事委员会副主席和南方局负责人周恩来指示电，来到重庆，继续担任宋庆龄秘书，协助开展"保卫中国同盟"工作。李少石则潜回香港继续从事敌后工作。

1943 年春，周恩来把李少石调到重庆的中共南方局工作，为了掩护工作开始使用化名"李少石"，公开身份是《新华日报》记者兼编辑，实际是中共南方局外事组成员，在八路军驻渝办事处外事组任周恩来的英文秘书。李少石主要负责笔译工作，把党的重要文件译成英文，发给外国记者，以传播中国共产党的政治主张和立场。同时，他也把大后方的进步文学作品翻译成英文传播到海外，或者把英文作品翻译成中文刊登在《新华日报》上。此后，李少石与廖梦醒严格遵守周恩来的嘱咐，李少石要孩子李湄叫他"伯伯"，偶尔在路上和廖梦醒碰到，也总是装着互不相识。

1945 年 10 月 8 日，国共重庆和谈达成协议草签那天，晚上张治中要举行酒会为毛泽东饯行，周恩来应邀出席。下午，柳亚子到曾家岩50号拜访周恩来，告辞时，周恩来让李少石陪柳亚子先生回沙坪坝住宅。

返回途中，车子途经红岩嘴土湾一段陡峭的山路时，迎面走来一队二三十人的国民党士兵。这些士兵个个肩挎长枪，见有车过来，都停下脚步立在道旁观看，还有人取下肩上的步枪做着鬼脸向轿车举起。

当汽车开过时，猛然间，司机熊国华听到身后传来"砰"的一声沉闷的枪响，只觉车身震动了一下。身边的李少石惊叫一声，倒在了座位上，鲜血不住地从他的胸前流出，浸透了衣衫，染红了车座。熊国华心知不好，喊李少石时已不能回答，火速驾车将李少石送到了10公里外的金汤街市民医院。在医院紧急检查中，发现子弹从背后穿入，洞穿车体及椅背，飞入李少石的肩胛，击中了肺部。

傍晚，周恩来惊悉李少石突然遇害，偕重庆宪兵司令张镇立即赶到医院，看到伤重的李少石顿时泪如雨下。李少石睁开眼睛，但已不能言语。周恩来握住他的手，声音颤抖地说道："20年前，在同样的情况下，我看到你岳父（廖仲恺）被害……如今，我又看到你遭遇不幸……"顿时泪如雨下，不胜悲愤。因流血过多，抢救无效，当晚7时许，李少石溘然长逝，时年39岁。

当年10月11日，周恩来和宋庆龄、廖梦醒等人，随李少石的灵柩10余里到小龙坎，由周恩来含泪开了第一锹土，安葬了李少石。毛泽东为他题词："李少石同志是个好共产党员，不幸遇难，永志哀思！"

李少石的牺牲，到现在还有争议，和其岳父廖仲恺被暗杀一样，成为历史的悬案。李少石有遗诗36首，编入《少石诗注》，还有以"默农"为笔名翻译的《红裤子》等小说。

（曾阳漾）

吴汝鎏

浴血抗日的空军战士

　　吴汝鎏（1907—1938），棠下镇天乡沙田村（今属江门市蓬江区棠下镇）人，出色的空军战士，抗日英烈。淞沪抗战爆发后，吴汝鎏为广东空军轰炸歼击混合机队分队长，之后出任广东航空学校飞行主任。后任广东西南政务委员会辖下之广东空军司令张惠长部分队长。台儿庄战役中，被委任为大队长支援抗日前线。因遭汉奸告密，后在对日作战中飞机坠毁，英勇牺牲。

吴汝鎏 1907 年出生于一个贫苦的农民家庭，其父早逝，童年时，在家乡读私塾。1913 年，家乡洪水泛滥成灾，农业歉收，他因家境贫穷而辍学。由于生活所迫，母亲便把他寄养在香港亲人处，两年后，随祖父母居住广州。不久，祖父去世，靠祖母抚养，生活无法维持，由邻居携带回家乡。后随伯父吴子祥到上海金利罐头食品厂当童工，其间经常受资本家打骂。因此，吴汝鎏幼小的心灵中充满着仇和恨，自小养成刚强性格。

1915 年，吴汝鎏离开上海，又回到广州祖母家，继续读书，经济由伯父接济。他读书刻苦用功，勤奋好学，1927 年中学毕业后，考入广东航空学校第三期甲班航空科学习。他被录取后高兴地回到家乡，向乡亲父老报喜，乡亲们鼓励他今后一定要为国为民努力工作，为家乡争光。

1929 年 4 月，吴汝鎏以优异的成绩毕业，被编入广东空军服役。见习期间，他刻苦钻研，很快掌握了空战的基础知识和过硬本领，后任飞行员、航校飞行教官，升任广东空军某队分队长。他的爱好广泛，打猎、摄影、游泳等都是行家，平日好为人排忧解难，对朋友、部属肝胆相照，遇事必挺身而出，其同事、部下从来不直呼其名，而以"浪哥"（胸襟广阔，天不怕地不怕的意思）和"活菩萨"称之，他高超的飞行技术与做人的品德深得同事的敬佩。

　　1932 年，"一·二八"淞沪抗战爆发，日本帝国主义以保护日侨为借口，出动日军向上海中国驻军进攻，十九路军奋起抵抗。广东空军奉命组成轰炸歼击混合机队，以广东空军丁纪徐为队长，吴汝鎏为分队长，他们 7 人驾机 7 架，驾驶战鹰由广州飞往长沙做准备，随后随队回广州。稍后，吴汝鎏出任广东航空学校飞行主任。随着淞沪战争升级，多架日机轰炸乔司机场，在队长丁纪徐率领下和队友陈信原等与敌机激战。由于当时中国空军飞机性能欠佳，空战能力较差，吴汝鎏表现英勇，驾机与敌机周旋，被敌机群围攻，吴汝鎏不幸中弹，但仍能安全降落机场。

　　1933 年，吴汝鎏被委任为广西空军教导队驱逐机队队长。1936 年西安事变后，蒋介石收买广东空军，迫使陈济棠下台。桂系为扩大自己的空军实力，从广东空军中聘请吴汝鎏为国民革命军第四集团军航空处飞机第一队（后改编为中央空军第三大队）副队长、队长、管辖第七、第八、第三十二等三个中队。1937 年，他被分配到广东西南政务委员会辖下之广东空军司令张惠长部，任分队长。

　　1938 年初，侵华日军拟打通天津至南京浦口线发生天津浦口战斗，吴汝鎏奉命率领第七、第八两中队 10 架飞机赴

吴汝鎏像

山东临城一带配合陆军攻击日军。

同年3月18日，著名的台儿庄战役打响。广东空军支援台儿庄抗日前线，吴汝鎏被委任为大队长，率领第三大队曾两次奉命支援第五战区会战，他亲自率领第三大队第七、第八中队参加台儿庄战役。第五战区司令长官李宗仁给第三大队的任务是：首先炸断鲁南韩庄附近的铁路桥梁，击毁由济宁南下的火车头，阻止援日伪军南下，以便将包围在台儿庄地面日伪军歼灭；其次是空袭日伪军司令部；三是击歼每天来徐州轰炸的日机。吴汝鎏坚决执行命令，他以河南商丘机场为基地，每天率领机群飞往台儿庄等战斗区域执行任务。经过多次与日机空战，击落日机2架，打击了日军的嚣张气焰，给与日军浴血奋战的中国陆军部队极大的鼓舞和支持，增强了抗日胜利的信心，为台儿庄大捷立下功劳。为此，李宗仁还亲自与吴汝鎏通话，对第七、第八中队飞行员大加赞扬。当吴向李宗仁报告击落两架日军飞机时，李宗仁连声说："好得很！好得很！就是这两架日机天天按时来徐州轰炸，每天早、午、晚三趟，太可恶了！"并鼓励吴汝鎏还要继续努力。

3月24日，吴汝鎏第二次率领14架苏制机队支援徐州前线，他率队俯冲和投弹和板机关枪扫射敌军阵地。完成任务返航时，与日军18架"96"式驱逐机遭遇于徐州以西约100公里的归德上空，当即展开一场苦战，经过激烈空战，是役击落敌机6架，击伤敌机6架，创造歼灭大批敌机的新纪录。吴部第七、第八中队飞行员阵亡2人，吴汝鎏和第八中队队长陆光球、队员黄各祥3人也受了重伤，仍能坚持飞回基地，被送往汉口陆军第一重伤医院医治。第五战区司令长官李宗仁知道后，立即派其副官携带恤伤金和物品，前往医院慰问，并高度赞扬吴汝鎏的英勇作战精神。

1938年8月，日军南侵，日军轰炸机在广东一带狂轰滥炸。此时吴汝鎏刚刚伤愈，正在桂林休养。他闻知此事后便放弃还有一个月的假期，主动请缨，愤然归队。日军侵占广东珠海后，在三灶岛建"第六航空基地"，与高雄、航空母舰加贺号一起成为日本海军航空部队的军用基地。中国空军派吴汝鎏率领空军第三大队一部分前往空袭，炸毁敌机 8 架。接着，他又奉命率领第三大队第三十二中队移防衡阳，担负保卫粤汉铁路的空防任务。18 日，日机"96"式轰炸机进犯，吴汝鎏率"伊-15"式驱逐机 15 架与第二十五独立中队"霍克Ⅲ"式驱逐机 3 架协同升空迎战，击落日机 2 架，重创 1 架。他和战友们严阵以待，一丝不苟，严格执行任务，使粤汉铁路没有受到日军飞机的轰炸破坏，保证了武汉的中国军队物资的安全转运。

8 月 29 日吴汝鎏率第三十二中队 9 架英制驱逐机转赴粤北南雄。30 日上午，吴汝鎏率领第三十二中队在粤汉铁路南段上空巡察，计划中午到达广东省的南雄机场。因机场小，他们的 9 架"格里埃提"双翼驱逐机到南雄机场后，遭汉奸告密。31 日上午 9 时，日军第一批单翼驱农机 11 架跟踪直飞南雄上空寻衅，企图一举歼灭在南雄的中国战机。接到警报后，吴当机立断，命令机队立即起飞。此时第二批日军"95"式战斗机随后来犯。面对 29 架敌机前后夹击，又有 10 余架高空掩护的战斗机，吴汝鎏和战友们的 9 架战鹰毫不畏惧，与日机展开了激烈的空战。中国抗日空军以英勇顽强的战斗意志、高超的技术优势，一个小时之内，击落日机 4 架，击伤 1 架。但日机倚仗数量的优势，集中围攻吴汝鎏驾驶的长机，终因寡不敌众，吴汝鎏驾驶的飞机被击中油箱，机翼折断坠毁爆炸，31 岁的吴汝鎏血洒祖国蓝天，壮烈殉国。

当时中央航空委员会发表公报，表彰这次参战飞行员的英勇抗日事迹。南雄县军民及各界人士知道吴汝鎏牺牲的消息后，十分悲愤。为悼念这位抗日民族英雄，举行了隆重的追悼大会，并把南雄机场命名为"汝鎏机场"。当时南雄县长莫雄将吴汝鎏的遗体亲自运往广州空军坟场安葬，立碑纪念。国民政府对其家属给予优恤，并授予吴汝鎏以烈士称号。

1986年8月25日，经广东省人民政府批准，追认吴汝鎏为革命烈士。2015年8月，吴汝鎏名列第二批600名著名抗日英烈和英雄群体名录。

（蒙胜福）

容忍之

荷塘党支部的首任书记

容忍之（1908—2004），原名仲韶，出生于广东新会县荷塘镇三良乡禾冈村（今属江门市蓬江区荷塘镇）。他领导荷塘进步青年成立中国共产党荷塘党支部，任首任书记，并积极开展统一战线工作。

　　容忍之受过良好的教育，是满腹学问的知识分子。16岁开始，他就在中山县南屏乡（今珠海市）甄贤小学、广州第二女子中学等地从事教育工作。

　　1937年"七七事变"后，容忍之赞成和拥护中国共产党的抗战主张，在思想上向中国共产党靠拢，常与仰慕已久的中共地下党员探讨时事研究对策。1938年，容忍之加入中国共产党。

容忍之像

　　1938年10月，广州沦陷后，一些在广雅中学、省立女中和中山大学附中读书、接受中国共产党地下组织教育影响的青年学生，以及学校职员，纷纷回到老家荷塘，在中共荷塘党小组的领导下，成立新会流动剧团荷塘分团，开展抗日宣传活动。1939年，容忍之在家乡荷塘，点起当地第一盏星星之火。在他的领导下，由容焕章、容良垲、容汉勋、容海云（女）、容慧中（女）、容掌盛、容国全、容顺英、朱家骥（广州）、尚铁珊（湖南）共11人，在三良学校成立了中国共产党荷塘党支部。容忍之任首任书记，他提出加强学习教育，提高党员的组织纪律性。要求队员以身作则，带动其他的自卫队员；接近群众，在宣传抗日时讲求技巧方式，增强党在群众中的影响作用。他曾说："入党意味着杀头和牺牲，有爱国心的年轻人向往进步，心里只有抗战，只有民族大义，只有赶走倭寇，其他的一切统统抛诸脑后。""加强纪律性，抗日无不胜"成为荷塘乡爱国青年的口头禅。良好的政治、军事素养，在抗击进犯日寇的斗争中发挥了重要作用。

容忍之发动群众，先后组织"青年抗日先锋队"，举办民众夜校、妇女识字班等抗日救国活动。容忍之等中共地下党员通过耐心细致的统战工作，妥善处理当地宗族内部矛盾、风俗习惯冲突等错综复杂的问题，争取了各方面力量的支持。他积极开展统一战线工作，组织起由中国共产党所领导的"白皮红心"抗日武装——新会民众抗日自卫队第四大队独立第二中队，接受军事训练，增强实战经验。

1944年，容忍之任中共新顺（中山、顺德、新会）边区区委委员、负责宣传工作。抗战时期，容忍之亲自参与策划、指挥的另一件历史事件就是协助中区纵队主力部队夜渡西江。1945年初，容忍之与中山县海洲乡长、中共地下党员袁世根的队伍联手，把驻守在荷塘塔岗渡口的国民党广阳守备指挥部所属独立大队李桂元部歼灭。保证了我党及人民游击队的交通联络点线的安全。后因国民党顽固派侦知此事，派人追捕容忍之，于是他转移到广东省阳春县春城任区委书记，隐蔽地继续为党积极做发展组织和搜集情报工作。

解放初期，容忍之先后在新会县负责粮食征收、管理工作，对支援前线、稳定粮价、物价做出贡献。1950年，容忍之担任中共新会县委委员、县粮食局长。在"清匪反霸"运动中，他很注重党的政策，亲自率领新会县会城镇政府干部到问题多、情况复杂的梅江乡蹲点，使运动健康向前发展。

　　1952 年土改期间，容忍之蒙冤受屈，被判死刑，幸得粤中地委派员赶赴刑场，命令"枪下留人"才保住性命。后改判为缓期执行，再后又改为 6 年徒刑，4 年后又以"历史犯罪"提前释放。自此，他作为一个社会人士，无职无级，仅靠微薄津贴度日。在此期间，他仍以共产党员标准严格要求自己，在县政协负责编写《新会县志》和搜集文史资料等文字工作，夜以继日地整理了一大批历史资料。

　　1966 年，容忍之在"文革"期间被冠以历史反革命的罪名遣送回乡，停止生活供给。1976 年秋打倒"四人帮"后，他才获得彻底平反，恢复党籍，担任新会县政协副主席。

　　1984 年，新会"冈州诗社"成立，邀请容忍之担任社长。此时已是耄耋之年的他，想到弘扬中华诗词、以诗育人，提高文化素质，既是国家需要，也是自己的愿望，毅然承担起这个重任。在他担任社长的 10 多年中，他深入城乡开展各项诗教活动，使诗社不断发展壮大。他历史知识渊博，诗词基础深厚，不少诗词爱好者在他的指导下进步很快。他对向他求教者都欣然交谈，不少人的诗词经他指点，更改一两个字即顿然生辉，被誉为"一字师"，深受诗词爱好者的尊重和爱戴。容忍之一生所创作的诗词作品，在新会冈州诗社、荷塘三良文化中心的关怀支持下，于 2003 年 7 月，以《山谷诗词抄》为书名出版传世。

　　容忍之于 2004 年 8 月 24 日病逝于会城，享年 96 岁。

（黄柏军）

黄兆纪

德艺双馨的书法家

　　黄兆纪（1911—2000），祖籍杜阮松园村（今属江门市蓬江区杜阮镇），后移居白沙村（今属江门市蓬江区白沙街道）。他致力于本土书法教育。任江门市书法家协会主席、江门市青年书法学会名誉会长、中国书画函授大学江门分校名誉校长、澳门中国画院荣誉院长、江门市文联兼职副主席。

岭南书法历史悠久，但由于岭南气候潮湿，纸张保存不易，所以从汉朝到唐朝，岭南都没有书法家的墨迹传世。到了宋代，留下墨迹，并且至今尚保存完好的只有海琼白玉蟾先生一人。直到明代，岭南才出现足以跟中原、江浙颉颃的书家。明代岭南书法最大的特色是"哲人书法"，其代表人物是陈白沙。陈白沙先生把书法作为一种个人修养的方式，并以之来表现自己的精神世界，追求书法艺术妙造自然，甚至用野生的茅草做成笔，以得其"神工"。

黄兆纪像

黄兆纪和陈白沙一样，都是少时随家人迁居白沙村，也喜欢"束茅为笔"，在白沙村就地取材，采集茅草，制成茅龙笔，蘸浓墨挥洒。数十年间，黄兆纪钻研历代法书，精研各体，成就卓著。他仰慕乡贤陈白沙先生，曾刻"白沙为邻"印章以自勉自励，并仿效先贤，取茅草自制茅龙笔作书。又自制鸡毛笔作书。其书老辣凝重、宽博大度而能活泼奔放，在岭南书坛独树一帜。又因其德艺双馨，时人昵称"纪叔"。

1949年以后的10年间，广东书坛比较沉寂。黄兆纪有志于文学艺术，利用业余时间学习书法和绘画，并经常署名"紫溪少年"发表作品。到了20世纪60年代，书法活动和书法教育渐渐兴起，学校的写字教育也纳入正常教学计划。80年代，江门新华书店推出一系列"描红本"字帖，供本市各中小学校使用。这些字帖的书写者均是黄兆纪。因此，他称得上改革开放以来江门的"书法教育之父"。

1981年，中国书法家协会成立，黄兆纪成为首批会员。当时，全国各地掀起群众学习书法的热潮，广东书坛也进入大发展大繁荣新阶段。广东各市、县纷纷成立各种类型的书法组织，并开展群众性书法活动。1986年，江门市书法家协会成立，他当选为主席。此后，又受聘为江门市青年书法学会名誉会长、中国书画函授大学江门分校名誉校长、澳门中国画院荣誉院长、江门市文联兼职副主席等职务。他致力于本土志愿书法教育，公开举办书法讲座、书法培训班，也在家中授课。他的挚友林仲池先生说："很多人喜欢跟他学写字，他来者不拒，有教无类，耐心指导，循循善诱，凸显长者风范。"

黄兆纪的书法实践得到专家的认可和领导的肯定。陈永正教授1994年为"岭南文库"撰写《岭南书法史》提到："江门、中山等地的书会都为书法艺术的普及和提高作出贡献。老书法家郭笃士、余菊庵、林君选、蒋士云、陈光宗、雷夏声、黄兆纪等在书法创作上也取得了可喜的成绩。"1997年，曾任省委宣传部副部长、省中华诗词学会常务副会长的黄施民这样评价黄兆纪："兆纪老师毕生醉心书艺，不慕虚荣，一身正气，人品高尚，使我深为敬佩。今已耄耋之年，犹作书不倦，培育幼苗，江门后一辈书法工作者，不少出其门下，其对江门的影响可谓深矣。"

黄兆纪和蔼可亲，平时喜欢以书会友。杜阮镇同姓族人黄明节与他过从甚密。杜阮中、小学校名，松园村牌楼和碑记，杜臂村双寿亭，叱石风景区楹联、匾额、刻石，等等，都是通过黄明节向他索书。陈一峰是江门文艺界名人，他与黄兆纪交情甚笃。但凡有诗词楹联需要书写，都找"纪叔"。1985年，陈一峰编辑《江门戏曲创作集》，仍请"纪叔"题签。1986年，陈一峰创办蓬江诗社，编辑《蓬江诗词选集》，封面题签也是找"纪叔"。

吕祖铭是黄兆纪之后，江门市第二位中国书法家协会会员。他们两人互相尊重，切磋书艺，传为佳话。马华坤曾任江门市群众艺术馆副馆长，和黄兆纪共事10多年。2006年，他组织举办《纪念黄兆纪先生诞辰95周年作品展》，用实际行动，表达对"纪叔"的怀念。陈波是江门五邑诗词界名人，他和周仲康、蔡庆成于2017年编印《黄兆纪书画集》，并于五邑图书馆举办"黄兆纪书画展"，以飨同好。

黄兆纪自小根基扎实，诸体兼备、雅俗共赏。尤其是应亲朋好友、部门单位请书，一律端庄大方，笔圆墨足。江门电视大学原校长林仲池先生在其《纪叔轶事四则》中写道："有一天我去纪叔家，他正在练字。闲谈中，我无意中说道，'纪叔，你写字总是正正规规的，四平八稳，能不能思想解放一些，给我写一幅调皮一些的字？'他想了想，便写了'老树春深更着花'，突出一个'春'字。我摇了摇头，'还是不够放，最好更大胆一些。'于是，纪叔又写了一幅。这两个'春'字，后一幅比前一幅好得多，我一直保存着。由此可见，纪叔对别人的意见，还是很乐意听取的。"他平日不写"丑书"，不是不会写，而是不想为。他认为，文艺要为社会服务，应为人民大众所喜闻乐见。

黄兆纪勤俭节约，令他的学生敬佩不已。据他晚年收的一位亲如

子侄的学生李慧朗回忆："黄老师很节俭，平日把写大字稿的空白处裁剪下来，写小字然后再拖笔，扔掉的都是'黑纸'，有时还写在日历纸的背后。"

黄兆纪家无长物，住在岭梅旧居，一房一厅，厅里放一张小书桌，桌面铺一张画毡，因年久，画毡已发黄，并且墨迹斑斑。遇上写大字，就只能在厅里地面上书写。搬到东观外两房一厅的"东风楼"，比岭梅旧居略大一点，厅上挂了两件原创作品，一件是山水横幅装框，一件是自制鸡毛笔草书杜甫《望岳》横幅装框都是先生的精品力作。

黄兆纪的书法人生，可以这样来概括：一是守正创新，雅俗共赏老愈精；二是乐意奉献，甘当人民艺术家；三是团结同志，以书会友勤切磋；四是诲人不倦，乐为侨乡育新人；五是勤俭节约，身体力行做表率。他一身正气又能淡泊名利，耿直不阿又能和蔼可亲，学而不厌又能有教无类，率性而为又能收放自如。先生的长者风范及其熠熠生辉的墨迹将会长存侨乡大地，并为岭南书坛增添光彩。

（赵一翰）

容 辛

江门和平解放的功臣

———————※※※———————

　　容辛（1911—2015），原名容国瑞，出生于广东省新会县荷塘镇禾冈村中心里（今属江门市蓬江区荷塘镇）。1944年，协助珠江纵队渡江后，加入中国共产党。后任《复兴报》记者、编辑。与江门地下党一起跟国民党"坚忍"部队谈判，推动江门和平解放。

　　容辛的父亲容赓堂，母亲刘采香，有兄妹八人，他排名第六。容辛小学在荷塘读书，1929年，在广州市市立美术专科学校读书，毕业后留校任职员。1933年，他在广东省立女子中学任职员。1937年，往浙江吴兴县政府当办事员。后日军侵至近邻，被迫回到家乡。

　　1938年，容辛在南海县当教师，同年参加国民革命军广东军区第一六〇师，任政治部美术科员。随军转战于江西赣南、粤北、英德、佛冈、从化。1939年经湖南入广西驻防八塘，在昆仑关一带阻击日军。后突围移师柳州。1940—1942年，容辛随军转战于粤北的龙门、河源、惠阳、淡水、紫金。后经佛冈、新平移师清远、英德一带，驻防青塘。1942年12月，因"同情共党"的理由，容辛被军统迫害；随后他借治病为由，脱离了160师，秘密回到荷塘。

容辛像

1944 年，容辛到中山海洲乡，参加协助珠江纵队渡江，刊发进步刊物等工作。同年 8 月，加入中国共产党。1945 年抗战胜利后，经党组织安排，容辛到江门《复兴报》任记者、编辑。

1949 年 4 月 12 日，容辛接党组织通知离开江门进入新高鹤解放区，任"新高鹤总队"秘书。同年 8 月 1 日，"中国人民解放军粤中纵队"正式成立。1949 年 10 月 19 日，他受纵队司令部委派返回江门，与江门地下党一起跟驻江门的国民党"坚忍"部队谈判，成功促使该部队起义。10 月 23 日宣布江门、新会解放，并成立"江会区军管会"。容辛任江会军管会社会科副科长兼支前司令部参谋长。

1951 年后调新会，历任会城镇镇长、新会葵业公司供销股股长。后任会城镇市政建设委员会主任、新会建设委员会副主任、新会建工局副局长、新会政协第一至第五届委员。

离休后，容辛参加诗书画活动，为中国老年书画研究会会员、广东省老年书画家协会会员、新会冈州诗社副社长。1997 年，获"回归颂"中华诗词大赛佳作奖。

容辛生活俭朴，从不铺张浪费，但热心助人，遇到家庭困难的群众即热情帮助，从不吝惜钱财。他十分关心家乡的建设，多次为家乡的老人活动中心和小学捐献书画，为禾冈老人活动中心和良村文化中心捐款。以 90 多岁高龄之躯参加革命老区的建设活动，不断为社会做出贡献。

（黄柏军）

胡耀椿

拥共爱国的民主人士

胡耀椿（1914—1952），祖籍广东新会荷塘镇塔岗乡（今属江门市蓬江区荷塘镇）。他关心时局，忧国忧民。他不辞辛劳不断帮助中共地下党员，为安排地下党人员往来的食宿做出巨大贡献，并成功组织了"珠江纵队夜渡西江"。胡耀椿带领立本小学师生为江门和平解放做出贡献。

胡耀椿生于殷实的工商大户之家，自小头脑精明、吃苦耐劳、交游广阔、孔武有力。胡耀椿18岁起，就与大哥胡耀民、二哥胡耀平接手家族分布在荷塘、中山等地的蔬果、塘鱼、桑蚕、粮油、糖蔗的种养、加工和贸易，经营商业生意。不久，胡耀椿担任家族企业"民兴"丝厂、糖厂的管理经理，收购江门、中山、顺德、荷塘一带农民的农产品，再加工制作或者转售。

胡耀椿像

塔岗胡家是著名的慈善之家，济世为怀，扶危济困，常帮扶塔岗村民开展生产自救，尽量招收本村村民到民兴糖厂、丝厂务工，令乡亲们有工作、有饭吃，不致受苦挨饿，深受乡亲们的爱戴。抗日战争时期，战乱频仍，四村八乡的走难百姓川流不息经过荷塘，避难塔岗。胡耀椿三兄弟对难民的流离失所深感同情和怜悯，他们出钱出米，在塔岗村口支起两口大锅煲粥接济难民。一天两次免费派粥，有红糖甜粥和白米咸粥，每天排队领粥者众多。

胡耀椿关心时局，忧国忧民，他的爱国思想主要来自恩师胡剑卿的影响和教育。胡剑卿经常鼓励胡耀椿为人处世要有理想、有追求、有担当，正如黄埔军校的大门对联：升官发财请往他处，贪生怕死勿入此门。胡耀椿对恩师胡剑卿的道德文章、品格风骨非常敬仰，立誓要以"黄埔人"为榜样，为国家为百姓做一番事业。受胡剑卿进步思想的影响，胡耀椿也愿意认识共产党人、亲近共产党人、帮助共产党人，并以此为荣。

后来，经由胡剑卿介绍，胡耀椿结识了当时活跃在新会荷塘地区的中共地下党员容忍之、容辛、陈能植、陈能本以及中山海洲的袁世根等，成为共产党的好朋友，也成为地方党组织重点统战对象。胡耀椿成为拥共爱国，支持革命，一心为民的民主人士。他自觉肩负使命，立足塔岗，辐射荷塘，令处于西江河要冲、塔岗冲口旁的"民兴"糖厂，作为中共地下党的秘密联络站，支持参与地下党武装斗争，致力于人民的抗战事业与解放事业，矢志不移终生无悔。

早在抗日战争时期，胡耀椿与其兄胡耀民等，受中共地下党组织的委托，经常组织工人贩运食盐（或盐腌大头菜）、煤油、汽油及药品等社会紧缺物资。从荷塘塔岗渡头出发，与日伪军巡逻艇斗智斗勇，成功偷越日伪西江海上封锁线，把药品食品运送到安全地带，以此支援西江河对岸的新高鹤抗日游击队战区。胡耀椿还经常在塔岗村祖宅、民兴糖厂等地安排地下党人员往来的食宿，护送中共地下党员过江等。

1941年香港沦陷前后，经中共地下党组织从香港救出的民主人士，辗转经过澳门到中山海洲，然后绕道荷塘三丫泰通里，最后来到荷塘塔岗冲口处，由胡耀椿安排乘船渡过西江，再由抗日游击队护送至大后方。在每一次的迎来送往中，胡耀椿都高度负责、周密部署，在招募船只、规避敌情、安排食宿、出航安排等方面做了大量工作，耗费了大量的心血。

胡耀椿一生中最引以为傲的一件事就是由他具体安排、操持的"珠江纵队夜渡西江"获得成功。1944 年 8 月，珠江纵队实施抗战战略大转移，计划安排 500 多人的主力战斗部队横渡西江抵进粤中。中共地下党组织计划借用荷塘塔岗村渡头帮助珠江纵队渡江，胡剑卿、胡耀椿毅然答应全力帮助。500 多人的大部队要顺利乘船渡江，不是一件容易的事。当时荷塘塔岗与棠下周郡之间的江面，日伪巡逻艇封锁严密，经常发生枪击商船的惨剧，因为人多目标大，容易遭到敌人拦截；而荷塘又是中山、顺德、新会三县边缘交界处，日军、伪军、土匪各种武装势力犬牙交错，地方武装割据局面非常复杂，稍有不慎，就会把珠江纵队陷进四面包围的绝境之中。容忍之、胡剑卿、胡耀椿等联手合作，对渡江主要威胁者、长期盘踞在塔岗乡的日伪特务大队长李桂元部进行监视与防范，并着力解决紧缺的大批船只及船工问题，在胡耀椿的帮助下，所有困难得到顺利解决。10 月 21 日，胡剑卿、胡耀椿早就动员一班当地热心乡亲一起过来帮忙，送水送饭，热情招待珠江纵队的游击队员。提早招募的 50 多只农家艇准时到达塔岗码头，在胡耀椿的统一安排下，珠江纵队 500 多名战士马上登船，趁着浓浓夜色，顺利驶向彼岸。紧接着，胡耀椿因为熟悉塔岗村的情况，积极为游击队当向导，还配合海洲袁世根的抗日自卫队、容忍之的三良自卫队围剿、射杀匪首李桂元。

中共地下党对胡耀椿充分信任，并委以重任。在党的安排下，塔岗村有了自己的武装，成立塔岗自卫队，队员有 10 多人，胡耀椿任队长，所有枪支、经费均由他一力承担负责筹措。塔岗自卫队实际上也是中共地下党所掌握的武装，自卫队班长及其其他骨干人员，皆由中

共地下党员袁世根调派，名为"护厂班"，实为中共地下党扼守"塔岗冲口"的红色秘密武装。

受恩师胡剑卿"教育救国"思想的影响，为本村穷苦弟子办一所学校，让穷人弟子可以上学，可以读书识字，一直是胡耀椿梦寐以求的夙愿。解放战争时期，胡耀椿秘密参加了中国共产党领导下的粤中解放大同盟，并以荷塘乡副乡长、开明士绅的身份作掩护，出钱出力创办了塔岗村"立本"小学，他终于完成了有生之年为乡间子弟办一所学校的心愿。

他提供家族企业民兴糖厂闲置的厂房、场地作为立本小学校舍，并出资作为办学经费。他以校董会主席名义聘请恩师胡剑卿担任立本小学校长。立本小学成为远近闻名的红色学校，既是塔岗村小孩子读书的学校，又是村民听形势报告的课堂。中共地下党组织派遣地下党员到学校一边当老师一边开展进步宣传，李平心、周悦芳等中共地下党员教师白天为孩子们教学，晚上又办革命干部培训讲学，由胡剑卿校长亲自讲授军事课程。其间，他们更开展各项革命活动，把大批立本小学毕业生、塔岗村青年送进荷塘黎明连，充实革命队伍。

立本小学还是国共双方关于江门、新会和平解放的协约起草地点。1949 年 10 月，驻守江门的广东暂编第二纵队（即坚忍部队）计划在江门就地起义，向中共投诚。坚忍部队派出独立大队长冯畅卿来荷塘塔岗村，与粤中纵队第六支队代表容辛秘密会谈。在胡剑卿、胡耀椿的周密部署下，国共双方代表在塔岗村立本小学秘密协商"坚忍部队"起义的计划，并签订了初步的书面协定。胡耀椿以及立本小学师生为江门、新会和平解放做出自己的贡献。

胡耀椿生前对家乡农田水利事业贡献巨大，备受赞誉。1947 年至1951 年，胡耀椿发起并出资出力修建荷塘地区"七围"大水闸，设抽水站及筑固相连的西江大堤险段，排险排涝。这一系列大型水利工程造福荷塘造福乡亲，令荷塘乡亲很长一段时期得到休养生息，免却每年汛期的洪涝灾害。1951年，新会县委、县政府召开英模大会，胡耀椿被授予新会县"人民水利功臣"称号，以表彰其对水利建设做出的重大贡献。中华人民共和国成立后初期，他还在荷塘水利部门担任义务总务，负责水利资金及有关器材的调度安排。

中华人民共和国成立后，由于受极左路线的影响，新会城乡土改出现大量"冤假错案"，胡耀椿被逮捕入狱，以恶霸罪名判处死刑。1952年6月，胡耀椿含冤离世，年仅38岁。

十一届三中全会以后，胡耀椿家属多次向当地政府提出平反申请。1986年7月，胡耀椿终于得到平反。新会县人民法院的平反判决书认为："被告胡耀椿解放前接受进步思想的影响，于1944年担任乡自卫队队长期间，积极配合我地下党的武装斗争，1948年担任伪副乡长期间，又以金钱、枪械支持我地下党的活动，为支援革命做了一些有益的工作，原判决定被告恶霸罪行材料失实，定性不当，应予纠正。特作判决如下：撤销原判，宣告被告胡耀椿无罪。"

（黄柏军）

陈能兴、陈能植、陈能本

荷塘三杰

陈能兴（1915—1994）、陈能植（1923—1988）、陈能本（1926—　），新会县荷塘乡三丫村泰通里（今属江门市蓬江区荷塘镇）人。在抗日战争、解放战争中做出杰出贡献。

　　荷塘诗人、中华人民共和国成立前参加过新会人民解放大同盟的胡连岱曾作诗："泰通一里出三英，能植能本与能兴。地下斗争齐尽力，江门接管率乡兵。"此诗主要赞扬荷塘泰通里人杰地灵，出了陈能兴、陈能植、陈能本等革命人物，他们在抗日战争、解放战争中做出杰出贡献的传奇事迹。

　　荷塘三杰中，最早参加革命的是陈能兴，早在抗日战争初期，陈能兴就在自己的家乡荷塘泰通里首先点燃抗日的火种，他是当地不少

左：陈能本，右：陈能植

青年农民、知识分子的革命引路人。

陈能兴在广州读书时已经投身抗日救国洪流，作为广州学运领袖带领中学生到街头宣传抗日，加入"中国青年抗日同盟"。1937年，陈能兴加入中国共产党。次年，肄业于广州勷勤大学工学院机械系。历任学抗会党组书记、学联会党组书记、广州市青委委员、中共粤中区委青年部部长、粤中青年抗日先锋队副总队长、中共香港市委书记、中共广州市委书记、中共中央香港分局城市工作委员会书记等职。

1942年，陈能兴回到家乡荷塘，协助建立党的敌后游击武装和省委秘密联络点。1946年，任中共香港市委书记，中共中央香港分局城委委员、书记等职。1952年起，先后任广东省总工会副主席、主席，中共广东省委组织部副部长，广东省外事办公室副主任、主任。1970年后，任广东省总工会第一副主席、主席、顾问，全国总工会第九届执行委员会委员等职。他是第二届全国人大代表和全国政协第六、第七届委员。1994年5月，陈能兴在广州逝世，享年79岁。

陈能植出生于广州，后返乡务农。青少年时期，他受进步思想的影响，追求革命真理，阅读进步书籍，如毛泽东的《论新阶段》《论持久战》、矛盾的《子夜》等。后来，陈能植受到陈能兴的教育和影响，也逐步走上革命的道路。

1943年冬，中共粤北省委黄康、陈能兴、林彩容等相继以陈能植家为堡垒，领导当地的抗日战争。在省委有关同志的影响下，陈能植与胞弟陈能本一起，边种地边掩护党的工作。次年9月，他为刘田夫率领中山部队挺进粤中担任向导；11月，到鹤山部队当通信员。

陈能植当年参与接应、护送中区纵队渡江。1944年10月20日，中区纵队主力大队约500人，从中山县五桂山抗日根据地出发，沿途避开日军封锁和顽军阻击，经中山濠头涌口、海洲等地，在中共顺新边县工委和新鹤大队配合下，于 22 日晚在新会荷塘塔岗渡过西江，于新会周郡码头登岸，挺进新会、高明、鹤山边境地区。挺进过程中，最难是找到那么多的渡江船只，我地下党组织经过做好当地开明士绅的统战工作，得到荷塘爱国教育家胡剑卿、开明士绅胡耀椿的帮助，设法找到了 50 多艘快速渡江小艇，每只小船坐十来人。中区游击队从中山三九区出发，过新会荷塘。三九区、荷塘一带有"挺三"的部队，新会港海一带驻有日军，附近还有很多"大天二"。由于部队伙食不好，战士们营养差，视力差，一到傍晚五六点就看不到东西，陈能植等只好用绳子把看不到的士兵串起来行军。最终依靠中山三九区以及新会荷塘乡地下党组织、情报站等帮助成功冲破敌伪势力海上封锁线，夜渡西江挺进粤中。

1945 年 9 月，陈能植加入中国共产党，在当时的新会棠下沙富始基小学以教书作掩护，开展党的基层工作。1948 年 7 月，调游击区任政工干事、团部基干连政治指导员；1949 年 8 月，陈能植受命回到家乡荷塘，到新会荷塘、潮连、顺德白藤一带开展革命活动，并重建荷塘党支部，党组织在掌握和控制一定数量枪支的条件下，于 9 月建立荷塘人民武装队伍。先后出任粤中纵队党委（泰山）新会特区工委江东特支支委、中国人民解放军粤中纵队新会独立团黎明连负责人。

1949 年 10 月上旬，在中国人民解放军迅速进军广东的形势下，中国人民解放军粤中纵队司令部为配合南下大军和新高鹤地区的人民武装完成解放新会的作战任务，决定组建新会独立团。中共新会特区工委（原新会直属区委）根据纵队要求，决定将百顷人民武装大队和荷塘自卫队分别改编为新会独立团新生连和黎明连，第一大队归入独立团编制，命名新生连，新生连驻扎在新会大鳌百顷。黎明连驻扎在荷塘乡，负责人就是陈能植。10 月 23 日，陈能植率领黎明连从荷塘

出发，和平解放潮连，进军北街，挺进江门，配合部队解放江门。10月24日，新生连与黎明连在江门胜利会师，在江门北街海关附近一举消灭所谓"广州外围人民武装指挥部第六总队"的匪特武装组织，活捉匪首陈腾、骆凤翔、马青青等六人，顺利接收江门海关。当日傍晚，中国人民解放军第十五军第四十五师某团先头部队，由关立、李光中为向导，开抵江门，解放军一个营直赴会城，至此，江门、会城解放。

中华人民共和国成立后，陈能植担任江门水警队队长，负责江门的社会治安。后历任江会区军管会党总支书记、秘书股长、治安股长，粤西行署公安处研究科科员，湛江地区公安处政保科副科长、科长、副处长，湛江专署畜牧局副局长，遂溪县委副书记，湛江地区高州石鼓煤矿党委副书记、书记、革命委员会副主任、主任，湛江地区煤炭工业公司党组书记、经理，湛江地区司法处党组副书记、副处长，主持湛江地区司法处工作。地市合并后，任湛江市司法局巡视员。1988年，陈能植去世，享年65岁。

陈能本生于广州。抗日战争爆发后，他回到家乡，目睹日寇入侵，国破家亡，无比义愤，他也在陈能兴、陈能植的教育影响下，义无反顾开始走上革命道路。

1943年冬，陈能本参加中国共产党领导的抗日活动。1948年1月，他加入中国共产党。他秘密建立地下交通站，护送多批江会地区进步青年进入新（会）高（明）鹤（山）游击区参加革命。并与荷塘地下党领导人邓碧瑜等一起发动群众，组织成立地下农会，为"新会县人民解放大同盟"发展盟员、筹集经费和组织武装队伍。1949年10月江会地区解放后，陈能本历任新会四区区委委员、二区区委委员，县农民协会常务理事、股长，广东省公安干部学校教员，省政法干部学校教研室副主任，省直属机关政法"五七干校"副校长，司法厅宣教处处长，省法制报社社长，省法学会秘书长，省法制新闻工作者协会第一、二届理事长等职。

中共地下党员、"白皮红心"的国民政府乡长袁世根与"荷塘三杰"关系最密切。袁世根 1941 年在广东省罗定县任民众教育馆馆长兼《罗定日报》编辑，后接受中共西江特委（联络人李超）的指示，返回中山海洲担任抗战乡长，用这个身份做公开掩护，把海洲建成中共领导的抗日秘密据点。之后，他按照党组织的意图，搞好与海洲乡上层人物的统战工作，通过用袁氏宗叔侄辈份与国民党广东敌后挺进第三纵队司令袁带搞好关系。再通过袁带的引荐，又与挺三副司令屈仁则及支队长梁自带认识和联络，从而在海洲站稳了脚跟。与此同时，又做好海洲自卫队队长袁毅文的工作，安排容辛当副队长，把海洲的自卫队掌握过来。地下党就是通过与新会荷塘的党员陈能兴、容忍之的联系，再由古镇地下党员苏松柏传送党内刊物给袁世根，这便沟通了中顺新的地下交通纽带。从海洲到荷塘，从袁世根到陈能兴、陈能植、陈能本，一条连接中山、顺德、新会三县的秘密地下交通线顺利构筑，使中共地下党组织站稳脚跟，建立了自己的联系、情报网络。

（黄柏军）

戴爱莲

中国舞蹈之母

戴爱莲（1916—2006），英文名爱琳·阿萨克。杜阮镇中和村（今属江门市蓬江区杜阮镇）人。著名舞蹈家，是中国新舞蹈艺术的开创者、中国当代舞蹈艺术的先驱者和奠基人，被誉为"中国舞蹈之母"。是第一任北京舞蹈学校校长、第一任中央芭蕾舞团团长、第一任国家舞蹈团团长、第一任全国舞协主席。

1916 年，戴爱莲出生在中美洲加勒比海向风群岛最南的岛屿——5128 平方公里的特立尼达岛上的一个华侨世家。她的祖父是中国第一批被当作"猪仔"卖到特立尼达的劳工，在家排行老大。当年一起飘洋过海的广东老乡，都尊称他为阿大。天长日久，"阿大"便成了"阿戴"，"戴"字便成了她家在国外的姓氏。戴爱莲的父亲在国外名叫阿萨克，母亲刘氏，有两位姐姐。

戴爱莲像

她在英国学习时，有位中国留学生说，"爱兰"不及"爱莲"有诗意，而"爱琳"（Aillien）在中文里，也被音译为"爱莲"。她自己也觉得莲花是中国人喜爱的名花，它"香远溢清，亭亭净植"，被古人誉为"花中之君子"，于是，即用此名"戴爱莲"了。后来，这位名叫"戴爱莲"的女孩子，从英国伦敦开始，跳了一生一世的芭蕾舞蹈。

戴爱莲 5 岁时开始学习舞蹈，10 岁进入当地舞蹈学校学习芭蕾。爱莲从小就显露出舞蹈天赋，一听见音乐，她就会自己跳起来，节奏感就像海岛上小巧玲珑的蜂鸟般灵动活泼。在她 7 岁时，她就登台表

演了自编自演的独舞《小鸡》。

12 岁时，爱莲考入了当地芭蕾舞蹈学校，专心学习芭蕾。但自从她父亲染上赌博的毛病后，十赌九输，家境渐渐中落。

1930 年，戴爱莲 14 岁，母亲带着她和两个姐姐横渡大西洋，来到了伦敦。戴爱莲开始了她在英国学习芭蕾的舞蹈之旅。她先是进入著名舞蹈家安东·道林的芭蕾工作室学习，那一年她 14 岁，正是花季少女。老师传授她的是科学的芭蕾训练方法，舞姿是那么富于乐感，那么舒畅，毫无苦涩可言。

后来她又投奔现代舞大师玛丽·维格曼（Mary Wigman）。当时，维格曼剧团在伦敦设有舞蹈工作室，她便前往求学。学习中她感到现代舞感情自由奔放，不受束缚，但缺乏系统的技术；而古典芭蕾虽有系统的技术，但缺乏表现力。因此她打破门户之见，大胆提出现代舞和芭蕾在技巧上应互相借鉴、互为补充的见解。

1936 年，戴爱莲父亲因赌博破产，家境败落。但是，她喜欢芭蕾舞，继续留在伦敦，还考入著名的尤斯·莱德舞蹈学校，成为免费学生。

祖父曾经告诉过戴爱莲：你的家乡是中国。戴爱莲一直记着祖父的嘱托，希望回到中国，与中国共荣辱。1937 年七七事变，日本帝国主义发动全面侵华战争，战火纷飞。戴爱莲当时 21 岁，心中爱国，无比愤怒。她在伦敦创作了《警醒》《前进》等唤醒民众抗日的舞蹈，到码头为中国海员演出。同时，不断举办义演，为祖国抗日筹款。她把筹集的抗日捐款，大都由"援华运动委员会"，转给香港宋庆龄领导的"保卫中国同盟"，支持中国国内的抗日战争。

1939 年，戴爱莲以优异的成绩获得尤斯·莱德舞蹈学校奖学金。在学校，学习了著名舞蹈理论家 R. von. 拉班有关情感的表现方法，还有舞台表演技术方面的理论及舞谱等，使得她成为芭蕾舞和现代舞相结合的年轻舞者。这对她后来在中国的芭蕾舞生涯来说，产生了深远的影响。

抗日战争期间，戴爱莲看了埃德加·斯诺的《西行漫记》之后，对延安抗日救国的中国共产党，有了更深的认识。她有一个愿望：回中国去，我和"共产党"一起，保卫我的家，不能被日本鬼子掠夺。

1940年初，戴爱莲希望用自己的身心和舞蹈，帮助灾难重重的祖国。她和宋庆龄的保卫中国同盟联系，通过接送中国留学生的轮船，经历两个多月的海上颠簸，戴爱莲终于回到中国香港。回国后，宋庆龄邀请她参与在九龙半岛酒店举办的慈善音乐会，为抗日后方筹款。

在筹办慈善音乐会的过程中，戴爱莲认识了《今日中国》杂志的负责人、画家叶浅予。24岁爱莲步入了婚姻殿堂，宋庆龄为她做主婚人。

1940年夏初，戴爱莲和叶浅予去到桂林，广西艺术馆馆长、戏剧家欧阳予倩接待他们，并邀请看桂戏。戴爱莲初次领会到民族戏曲中丰富的舞蹈语言，立下了向民族戏曲舞蹈学习的心愿。1941年第二次访问桂林时，她通过欧阳予倩的介绍，拜著名桂戏演员小飞燕为师，学习这位艺术家的拿手好戏《哑子背疯》一剧。

戴爱莲着舞蹈服装像

该戏内容是哑子丈夫背着下身瘫痪的妻子，一人扮演两人，上身是旦角身段，下身是生角台步。戴爱莲灵感突生，创造了一种融合桂剧舞蹈的表演形式，加强

了以舞宣传抗日的效果。

1942年，戴爱莲夫妇住在中国电影制片厂经理郑用之的家，先在国立歌剧学校、国立社会教育学院教学，后应教育家陶行知之聘，准备创办育才学校舞蹈组。

一天晚上，郑用之在家中宴请朋友，戴爱莲和丈夫叶浅予也应邀出席了宴会，见到了周恩来和郭沫若。戴爱莲夫妇向周恩来表达了想去延安的心愿，周恩来听后微笑着说："你们在大后方的用武之地，比去延安大得多，现在全民抗日，这里更需要你们。"他们接受了周恩来的意见，放弃去延安的计划，决定留在重庆为抗战出力。

在重庆，戴爱莲经常眼见日本侵略者的飞机在空中耀武扬威，并且投下炸弹，让许多民屋变成一片废墟，有的防空洞被轰炸，造成数千人被闷死的惨剧。她经常流泪，更加憎恨日本鬼子。惨痛的记忆，触动她创作出《空袭》等一批反映战后灾民悲惨状况的作品。她在舞蹈中，把难民悲伤、房屋炸塌的场景，表现得淋漓尽致。1945年，她在重庆看了延安文艺工作者演出的新秧歌剧后，又创作出激励军民共同抗战的歌舞《朱大嫂送鸡蛋》。

1946年3月6日起，"边疆音乐舞蹈大会"开始在重庆青年馆公演，演了5天共8场，之后又在民众教育馆剧场演了11场，其中有维吾尔族舞蹈《青春舞曲》、瑶族舞蹈《瑶人之鼓》等舞蹈。人们对于"边疆"舞蹈的魅力不由得感叹："原来中国还有这样美的乡土舞蹈啊！"当时的报纸纷纷刊登演出评论，轰动了整个山城。此次演出，不仅使中国各民族的民间舞蹈登上了现代舞台，而且成为1949年以后戴爱莲掀起的民间舞蹈文化的铺垫。

1950年，戴爱莲被文化部聘请担任中央戏剧学院舞蹈团团长，为了表达心中对新中国美好未来的向往，她领衔创作并出演了中国的第一部芭蕾舞剧作品《和平鸽》。后来，她创作的芭蕾舞《荷花舞》，是她这一时期的代表作，更有新意。内涵取材于流传在陇东、陕北的民间舞"花灯"，戴爱莲以高超的编舞技法，进行了再创造，以比兴的手法表现了荷花出淤泥而不染的秉性，以"盛开的荷花"象征欣欣向荣的祖国。舞蹈形象鲜明、动作流畅，结构凝炼，于简洁中见功力。

戴爱莲的作品先后于 1953 年、1955 年参加柏林、华沙举行的"世界青年和平友谊联欢节国际舞蹈比赛"，均获大奖。1994 年她编创的《荷花舞》《飞天》两个舞蹈作品获得"中华民族 20 世纪舞蹈经典作品"金像奖，她创作的许多舞蹈作品至今久演不衰。

"文革"开始后，戴爱莲被下放到"五七"干校，唯一关心她的人，是叶浅予的女儿叶明明，时常去看望她。

"文革"以后，戴爱莲先后出任中央歌剧舞剧院芭蕾舞团团长、中国舞协第一届主席、中国文联委员、联合国教科文组织国际舞蹈理事会副主席、中国舞蹈家协会名誉主席等职，全身心地投入她一生钟爱的舞蹈事业。有"国际舞蹈大使"美誉的戴爱莲一直活跃在国际文化交流中。她不顾年事已高，穿梭于亚洲、美洲、欧洲的各国之间，为促进中外文化交流，做出了杰出贡献。她说："我要让世界了解优秀的中国文化，也要把世界上优秀的舞蹈艺术带给中国同胞。"

1981 年 5 月，为表彰戴爱莲为促进中英友谊和艺术合作作出的贡献，英国皇家舞蹈学院把戴爱莲头像雕塑陈列在学院大厅。同年，瑞典斯德哥尔摩舞蹈博物馆收藏了这尊塑像的复制品，以表彰戴爱莲为发展国际舞蹈事业所作的贡献。

1996 年，香港演艺学院授予八十高龄的戴爱莲"高级院士"称号。

年纪大了，她开始眷恋起自己的故乡。1973 年 11 月，戴爱莲到广州从化进行温泉疗养。时任广东省副省长的李明，知道她是新会杜阮人，就通知新会外事办，并派小车陪同她到新会，由时任县委副书记刘德云的夫人、新会外办郭爱华陪同来杜阮。到杜阮后由当时公社党委

书记蒋思球，副书记区国瑞、李卓仁，副社长李金植等同志接待。李卓仁陪她到中和村，中和村支部书记袁定能、堡垒户叶桃伯介绍了中和（黄坭楼）的情况，根据种种线索分析，认定戴爱莲是中和村上邑里人。回家寻根，戴爱莲很高兴地认定了自己的姓，不是姓"戴"，不是姓"吴"，而是姓"阮"。从那天起，在她的心中，有了一个遥远的"家"。她激动地言道："我终于找到了自己的家！我不能忘记故乡的点点滴滴。"

后来，戴爱莲拿出 3000 元，那是她"文革"期间的补偿金，希望捐资给故乡建设，当作是自己做儿女的心愿。但是，公社领导没有收，这让她有些伤心。快过年的时候，公社的领导给戴爱莲寄送 10 斤家乡的咸干花生，表示故乡人民对她的想念。戴爱莲先感激地回信："故乡的花生有味道，在北京都买不到。如果家乡有人去北京，一定要和我联系，亲自做几道拿手的北京菜，让老家的亲人享受北京风味。"在她逝世前，一直和家乡杜阮保持着联系，关心故土的乡村发展。

戴爱莲晚年生病了，但她心中，仍然一心向党，希望加入中国共产党。2005 年 9 月，温家宝同志到病房看望她，希望她的病能够尽早好起来。此时，戴爱莲再次提出了入党请求。当年 12 月 26 日，在北京协和医院病房区的会议室里，在时任中国文化部部长孙家正，以及中央芭蕾舞团团长赵汝蘅主持下，89 岁高龄的戴爱莲站在党旗下宣誓，加入了中国共产党。

2006 年，戴爱莲临终之际，对家人口述了一份让人感动的遗嘱："我是国家的人，我是中央芭蕾舞团的人，我回国是参加革命的，我希望把属于我私人的房子和银行存款贡献给国家，希望中央芭蕾舞团能够接受。"同年 2 月 9 日，戴爱莲在北京逝世，享年 90 岁。

（曾阳漾）

文植虞

保家卫国的民盟战士

文植虞（1917—1987），新会县里村乡（今属江门市蓬江区环市街道）人。曾任新会民众抗日动员委员会政治工作团副团长。后到茂名、阳江多地参将抗日活动。为促成国共双方谈判、实现江门的和平解放做出贡献。

文植虞自幼聪颖，读书勤奋，曾经负笈求学于羊城广东省立第一中学（即广雅中学），毕业后回江门。

1938 年，文植虞经过中国共产党长期的培养和考察，宣誓加入中国共产党，在国民党第五游击区统率委员会新会民众抗日动员委员会工作。次年，他在新会民众抗日动员委员会政治工作团任副团长。

由于抗战时期环境动荡，上下线联系的突然中断，文植虞与党组织联系人无法联系上。1940 年 12 月，他与中共党组织失去联系，他曾经为此苦苦寻觅，但始终没有接上组织关系，这是他人生中最大的遗憾。为了投身抗战事业，他应好友之约，到广东茂名参加抗日，被有志于守土抗战的茂名县县长林仲芬任命为茂名县政治工作队队长，协助茂名县政府在当地开展各类爱国抗战宣传活动。1942 年，文植虞又回到家乡，先后任广阳指挥部江会敌后情报组组长、五邑民众督训处少校队副等职，与日伪势力的情报机构展开针锋相对的情报阻击战。1944 年，他担任新会县特务大队副大队长。

抗战胜利后，文植虞由于抗战有功，而且与江门、新会地方势力的代表人物保持着亲密的友谊，故此得到国民党新会县政府的重用。1947 年，文植虞当选为新会县参议员。同年 6 月，联合参议会内的进步力量组织三新俱乐部，开展"反三征"（反征粮、反征税、反征兵）运动。

1948 年 6 月，文植虞与刘锦沛、何直、余镜波四人前往香港参加中国民主同盟。根据中国民主同盟南方支部的决定，在江门成立民盟江会小组。1949 年春天，中国民主同盟华南地下组织在中共领导下，为配合解放华南的工作，积极争取一切愿意投靠人民、参加革命的人入盟。在这种情势之下，早已经盼望着解放的文植虞、刘锦沛等毅然参加中国民主同盟组织，奉命配合中共地方组织，为迎接江门解放，组织工人、学生护厂护校，策动国民党保安第二纵队 1600 人起义。

1949 年 10 月 20 日，党组织派联络员、中国民主同盟成员文植虞、余镜波等与云汉进行简单的接触；粤中纵队第六支队代表容辛也在新会县荷塘塔岗乡与国民党"坚忍部队"代表展开谈判，并草拟和平起义的协议。云汉也是一位寻找中国共产党的有心人。他于 1946 年 2 月秘密参加民主同盟后，在中共华南分局领导下，继续留在国民党军队中，秘密从事军事策反工作。云汉代理"坚忍部队"司令后，与部下商定就地起义。他一面派出独立大队长冯畅卿到新会荷塘等地寻找活动在新高鹤地区的粤中纵队第六支队，一面亲自在江门、会城寻找共产党地下党组织。

10 月 21 日，中共新会特区工委派出委员李光中等人为代表，在设于江门三角塘附近的"坚忍部队"司令部，与云汉直接见面商谈。期间，李光中讲明当前发展形势，宣传共产党的政策和粤中临时区党委、粤中纵队发布的敦促敌军政人员起义投降的"五项限令"，促其弃暗投明。敦促云汉认真考虑"坚忍部队"起义后应接受中国共产党及其领导的人民解放军的改编。

10 月 22 日晚，在江门众兴路 35 号"厚记商店"四楼（江会党组织秘密交通站），经李光中、容辛、文植虞、余镜波等人进一步对云汉开展劝说工作。最终，国共双方通过谈判达成共识，国民党"坚忍部

队"响应号召，放下武器，接受中国共产党的领导，宣布投诚。

1949年10月23日，国民党广东省暂编第二纵队代司令云汉，副司令陈世思、卢虞，参谋长杨国栋，政训室主任阮世纯，参谋室主任胡宇平等，即在江门联名向各界发表《起义宣言》，宣布该部即日起正式举行起义，接受中国共产党和人民解放军的领导，并组织该部官兵上街举行起义游行宣传散发传单。

至此，江门得到和平解放，这是历史性的一刻，江门历史从此翻开崭新的一页。在这个过程中，文植虞始终积极奔走，为促成国共双方谈判、实现江门的和平解放作出自己的贡献。江门解放后，文植虞先后任江会支前司令部江门区征粮处副主任、江门工商联主任。

新中国成立后，文植虞却不幸被卷进政治冤案"江门事件"之中，是受到打击和牵连的主要代表人物。1952年，文植虞受"江门事件"牵连被捕。华南分局第一书记叶剑英及时深入调查此案，才制止事件的恶性发展。1956年案件复查后获释，被安排任广东省参事室研究员。"文革"中，他再次被批斗，受尽折磨。1980年，当选为广东省工商联常委兼副秘书长和办公室副主任。1981年，文植虞等受"江门事件"错案牵连的35人得到平反，分别给予恢复政治名誉、恢复干部身份、补发抚恤金等。他非常感激党，毫无怨言，决心在有生之年，积极努力为党和人民多作贡献。后以工商联合会代表的身份参加中国人民政治协商会议广东省第五届代表会议，被选为常委和中国民主建国会广东省委员会顾问。

1987年10月13日，文植虞在江门病逝，享年70岁。

（黄柏军）

朱庸斋

一代岭南词坛大师

朱庸斋（1920—1983），名奂，号庸斋，晚年
号眇翁。祖籍群星肇恒里（今属江门市蓬江区环市
街道）。岭南词学大师。长期系统研究词学，提出
填词以"重、拙、大、深"作标准，著有《分春馆
词》，对词学发展做出了贡献。历任广东大学、广
州大学、文化大学等校的词学讲师。中华人民共和
国成立后曾任广东省文史馆馆员、中国书法家协会
广东分会理事等。

朱庸斋是康有为执贽弟子朱恩溥的哲嗣。朱庸斋自幼聪慧，博闻强识，从未入学，在家随父攻习经史古文，以"思古微室"自榜书斋。朱庸斋早年师从陈洵，善吟诗深受其诗词影响，继承衣钵。

朱庸斋像

他 15 岁就写出《蝶恋花》："鹦鹉唤茶添意绪。不管春归，只解留春住。花事暗中知几许。梨英尚有销魂处。楼外东风吹柳絮。倚遍阑干，明月空来去。争似旧时春草渡。桃花扇底遮人语。"

朱庸斋 16 岁时已能将《宋六十名家词》背诵过半，与友人梁逸、陈襄陵、朱宽甫结词社唱和，又开设"国学研究社"，讲授词学。

他攻习经史古文，以"思古微室"自榜书斋。性好诗词，因喜秦少游《望海潮》："柳下桃蹊，乱分春色到人家"之语，遂以"分春馆"为室名，在西关传承唐宋词学。著有《分春馆词》《分春馆词话》《朱庸斋书法集》，弟子陈永正等人，集词和书画成书册。

1940 年秋，朱庸斋年甫 19 岁，时广州已沦陷，一家生计，全靠他授徒维持。有时甚至衣食不继，词中充满了彻骨的苍凉："征鸿信杳，寒鸦声歇，满地干戈。"（《秋波媚》）"避地仍惊爇劫，风掠马蹄腥。"（《甘州》）

日军占领广州后，王应儒任汪精卫政府民政厅厅长。当时，朱庸斋在他家里当家庭教师，辅导王应儒孩子写诗作词。陈璧君见朱庸斋文采了得，私下请朱庸斋到南京给汪精卫当私人秘书。

可是不到一年时间，因看见汪精卫和日本人打交道，卖国之举让朱庸斋感到不安，就从南京打道回府。

匆忙从南京回来广州，一时找工作很难。当时广东基本还是汪伪政府的势力范围，为了不受牵连，他连"朱庸斋"这个名字也不敢再用，抗战时期基本上用父亲取的原名"朱奂"。陈春圃跟他在南京的时候就认识，把朱庸斋介绍到广东大学，当特约讲师，专教词学，大约有一两年的时间。

抗日战争胜利，广东大学也解散。朱庸斋在广州十分郁闷，总在华贵西横街的"分春馆"中题诗作画。此后几年间，朱庸斋的生活无着落，到处求职，当过中学代课教师、民社党文书干事，还为报刊做过校对及接登广告，甚至做过监仓员的工作。

虽然清贫，多愁善感，但朱德庸的词中从无嗟卑叹穷的寒酸语，只能触发"春夏秋冬"的不同境遇。

1949 年 2 月，通过好友叶恭绰的介绍，朱庸斋在广州大学中文系任讲师，又兼任文化大学讲师，专讲词学科目。

20 世纪 50 年代初，中医界友人集资雇用他为事务员，工资微薄，生活困厄。朱庸斋的孩子朱令名，曾经聊道："父亲对医学也很有研究，经常为亲戚朋友免费看病，在乡下很多亲戚朋友知道这个事后，都跑来让父亲看病。"

　　1956 年 11 月，时任中央文史研究馆副馆长的叶恭绰不忍心看到才华横溢的朱庸斋废弃，竭力推荐，朱庸斋进入广东省文史研究馆任干事。饱经忧患之身，从此有一份稳定的工作。数年间事务繁忙，朱庸斋依然作词不辍。

　　1960 年，在许多同伴唱和中，朱庸斋不忍把自己所学浪费，于是在家设帐授徒，设"分春馆"斋（位于广州市华贵路华贵西横街 20 号，现被广州市政府列入危房），传承词学，叶恭绰题斋名。早期门人有蔡国颂、杨平森、沈厚韶、崔浩江、吕君忾、郭应新、王钧明、陈永正、古健青等，后来都成一代名家。

朱庸斋在分春馆写词

　　次年，朱庸斋兼任广州文史夜学院中文系教师，授诗学及词学。20 世纪 60 年代末至 70 年代，有梁雪芸、李国明、梁锡源、蔡庭辉、苏些雫等继学，耳濡目染中，他的弟子继承了他的衣钵。朱庸斋的词作，让岭南诗词界焕发光辉，而其弟子也继承了朱庸斋先生的词学，至今在词坛闪耀各自的精彩。

"文革"中，朱庸斋不忍心看到自己大半生的作品诗集被查出，灵机一动把大部分书籍和作品转移到出身好的学生家里去。

1972年，他一出"牛栏"，肾病就恶化。在政府的安排下，他做了摘除手术，保住了性命。艰难的日子里，朱庸斋依然有一份熬出来的洒脱。他喜欢喝酒、抽烟、喝茶，常常和朋友说词，开怀大笑，有很多文人的嗜好。

在词学方面，朱庸斋青年时期词作富丽精妍，中年以后，转为浑融隐秀，兼有情致气格之妙，被词坛公认为陈洵之后的广东第一词家，与夏承焘、龙榆生、唐圭璋并列为20世纪之四大家，当之无愧。

他在书画方面亦精彩：行书潇洒自然，如行云流水，尤功于小札和题跋，其小楷取法钟王，于传世钟帖及大王《黄庭经》、小王《十三行》均有独到见解，曾出版《朱庸斋书法集》。他的弟子陈永正，曾经在《朱庸斋书画小议》中言道："先生以小楷见称于时，取法钟繇，兼采二王，体势古雅秀润，意态闲淡萧散；行草则出入赵、祝、文、董之间，明快妍美。挚友傅静庵谓其小楷'姿态甚美，圆润中自然古雅'，梁耀明称其行草'神韵飘逸，今世所稀'。先生之画亦骎骎入于能品，莫仲予评曰：'沉博绝丽，气韵生动，得倪云林之正声。'当非过誉。其文人儒雅之气，郁郁发乎纸墨之间，绝非寻常以书画鸣世者能梦到也"。

他画《太湖新霁图》：实水、隐山、房屋、山树，荡然画中。或表现春时朝暮的江山胜景，峰峦浑厚，林木丰茂，再描写清溪洲渚中渔夫、隐逸的生活环境，主要画风特点是结构严整，笔墨清润，山石无披麻皴或解索皴，设色简单，在浓郁浑厚的气韵中，和树木相依，

具有潇洒隽逸、清闲知味的格调；他的《题高士图》：有高士、山崖、卷云、绿树，还有他的行草题跋"蜀人大千作人物情趣附之"。

朱庸斋对故乡总有千丝万缕的思念之情，早在 1963 年，他曾应地方领导邀请，来新会考察，兴致之余，应景题《浣溪沙 新会盆趣公园》词："谁缩苍虬入绮丛。移根接叶夺天工。十分培护谢东风。露溉烟滋添郁律，云裁玉剪更葱茏。故园春色座中融。"他以"邑人朱庸斋"落款，足见他的乡情厚谊，此词也收录在《朱庸斋书法集》中。

晚年时，还曾数次回到肇恒里朱氏家族中，探亲访友。翻看门人出版的《分春馆词话》，总有"新会 朱庸斋"撰写落款。可见，故乡是朱庸斋心底的结，桑梓总有父辈说不完的故事。来到新会的圭峰山，依然墨宝小楷，朱庸斋再次寄情《浣溪沙 圭峰玉湖》："谁截朝虹作护栏，长桥百尺卧溪湾。登临饱看故园山，湖景花光留客住。葵风梨雨款春还，红楼高耸绿屏间。"

1982 年，香港中文大学特邀朱庸斋先生赴港讲授词学。可惜，后因病未能成行。1983 年，朱庸斋肾病复发，仙逝于分春馆。

（曾阳漾）

高天雄

战功赫赫的抗战名将

高天雄（1921—2003），原名陈炬池，荷塘镇
为民村闲步（今属江门市蓬江区荷塘镇）人，出生
于香港，菲律宾华侨。参加过由粟裕指挥的苏中
"七战七捷"战斗，参加过由陈毅、粟裕指挥的山
东莱芜战役以及孟良崮战役，参加过淮海战役，参
加过渡江战役等。

1936 年，高天雄参加菲律宾怡朗抗日救亡总工会工作。1939 年初，高天雄随华侨慰问团回国到皖南新四军军部慰问，后参加新四军，同年加入中国共产党。

抗日战争时期，高天雄历任新四军军部教守总队干训队队长，新四军连队政治指导员、连长，副营长等职。参加过苏南黄金山、塘马等战役以及苏南反清乡、反扫荡等战斗。解放战争时期，他历任华东野战军教导营营长、作战科副科长、侦察营长、第三野战军团参谋长等职务。参加过由粟裕指挥的苏中"七战七捷"战斗。在涟水保卫战中，左小腿负重伤，为三等甲级伤残。

1947 年，高天雄参加由陈毅、粟裕指挥的山东莱芜战役以及孟良崮战役。翌年，参加淮海战役。1949 年 1 月，他参加渡江战役。他曾说："我们这些爱国华侨青年，是抱着抗日救国的志愿回国参战的，然而没有死在抗日的战场上，却惨死在国民党反动派的屠刀下。这些光荣牺牲的同志值得我们永远怀念。"

1951 年，他任空军团参谋长、师作战科科长。入朝（鲜）作战。回国后，历任空军师副参谋长、副师长兼参谋长等。1955 年，他被授予上校军衔、三级独立自由勋章及三级解放勋章。后享受副军级待遇。1964 年，高天雄任民航广州管理局副局长，担任广东省侨联常委。

1981 年，高天雄离职休养，享受老红军待遇。离休后任广东省侨联、江门市侨联顾问等职。2003 年 4 月，在广州病逝。

（张景秋）

谭文瑞

针砭时弊的《人民日报》总编辑

谭文瑞（1922—2014），笔名池北偶，棠下镇天乡礼村（今属江门市蓬江区棠下镇）人，著名作家。《人民日报》总编辑，创办《人民日报》海外版。曾任《燕京新闻》主编，《大公报》驻北京特派记者。1978 年曾参与起草《告台湾同胞书》。先后发表 800 余首针砭时弊的诗作。

谭文瑞出身官宦世家,是谭国恩之孙。他少年时受进步思想影响,对李大钊、鲁迅、邹韬奋等人无限敬仰,立志要做一个像他们那样富有正义感、能够为民请命的进步文化人。

1941 年,他从香港培英中学毕业后,考取北京燕京大学新闻系,希望成为一名献身进步的新闻工作者。大学生涯使他不仅获得了丰富的学识,而且形成了崇尚民主自由、追求真理的人生观和世界观。他利用课处时间阅读了大量古今中外书籍,包括许多进步书刊和一些马列主义著作,坚定了他把争取民族解放和人民民主作为自己的理想。1942 年至 1945 年,由于日军侵华,学校搬到成都,他随学校转到大后方继续学习。谭文瑞积极参加当时争取民主自由的进步学生运动,还担任过作为新闻系实习用刊物《燕京新闻》主编,撰写抨击国民党统治者腐败和反动本质的文章。

1945 年,谭文瑞毕业后进入《大公报》工作,在那里接触到杨刚、李纯青、徐盈、彭子冈、罗孚等好几位地下党员和许多进步人士,思想更趋于进步。1948 年初,他被调往香港参加《大公报》香港版的复刊工作,负责主编国际新闻版和撰写国际评论。在一起共事的有费彝民、马廷栋、曾敏之、朱启平、唐人、金庸等。1949 年前夕,他从香港回到北京并担任《大公报》驻北京特派记者。1950 年,谭文瑞被调到中国共产党中央机关报《人民日报》工作,一干就是 40 多年。他从编辑、记者、评论员、国际版主编、国际部主任，副总编辑一步一步做到总编辑。

1950年10月，抗美援朝战争打响，谭文瑞与李庄等六位记者作为首批赴朝记者，冒着生命危险进行战地采访。1956年，他加入中国共产党。1962年11月，美国公开准备进攻古巴，各国掀起支援古巴人民反对美国侵略的浪潮。谭文瑞心潮澎湃，同情古巴人民，一口气写出了一篇3000多字的《古巴革命的伟大舵手》的稿子，热情地歌颂古巴人民和他们的领袖抗美的决心与英雄气概。稿子在《人民日报》头版发表后，许多报纸都转载了，反响很热烈，引起了广泛共鸣。

1978年12月中下旬，谭文瑞正在钓鱼台参加中央文件的起草工作。时任中国社会科学院院长、国务院研究室主任胡乔木把他找去，说邓小平同志布置让他三四天内起草一篇以全国人大常委会名义在1979年元旦发表的《告台湾同胞书》。根据邓小平同志的意见，文件既要向台湾人民，也要面对台湾当局，既晓之以义，也动之以情。措辞语气要委婉平易，不用报纸社论那种文体。第四天，谭文瑞提交的稿子经胡乔木稍作润色即交邓小平同志及中央政治局同志审定。1979年元旦，这篇用中华人民共和国全国人大常委会名义发表的振聋发聩的《告台湾同胞书》，在《人民日报》发表了。这个重要文告阐明了新时期党和政府对台湾回归祖国和平统一的政策、方针、基本立场、基本态度，打开了和平解决台湾问题的新局面，从那以后海峡两岸改善关系，谋求祖国统一的进程不断取得进展，达成"九二共识"，实现全面直接双向"三通"，步步往前走，真是与时俱进。

1979年至1984年，谭文瑞先后以顾问和特别助理身份随同国家领导人到欧美多国进行国事访问，出席国际会议。1985年，他受命负责创办《人民日报》海外版。他设计的版面既能有效地宣传党和国家的方针政策，又能正确传递各种最新信息，发挥舆论监督的应有作用，把报纸办得生动活泼，让读者感到可亲、可读、可信。1986年，谭文瑞担任总编辑后，对《人民日报》进行改革，他强调增加报纸信息量，改进文风，克服党八股，尽量减少会议和外事公式化的报道，贯彻"双百"方针，刊登不同意见。他曾说："党报不单是党的喉舌，还是党的耳目，首先应该反映民意，尊重人民的知情权、参与权、表达权和监督权，内容可读、可亲、可信。"

谭文瑞从事新闻工作近60年，除了写新闻作品，从1956年开始用"池北偶"的笔名撰写政治讽刺诗。"文化大革命"之后，对于社会上的歪风邪气和腐败行为他深恶痛绝，讽刺锋芒直指丑恶现象和各种弊端。他还经常与华君武、丁聪、方成等著名漫画家配画，以诗配画的形式发表于全国各大报纸杂志上，引起社会共鸣。他一生先后发表800余首针砭时弊之作，既有国内题材，也有国际题材。

谭文瑞著有《多刺的玫瑰》《冷嘲热讽集》《冷眼热肠》《海外奇谈》《无腔野调》《历代讽刺诗选萃》等，译有《他所知道的马克思》等。他为自己写了一首诗："冷眼热肠察世情，是非曲直看分明。不会作诗学打油，针砭时弊刺歪风。言语辛辣虽逆耳，总是有声胜无声。"

（蒙胜福）

黄本立

中国光谱分析的开拓者

黄本立（1925—　），祖籍江门，中国科学院院士、原子光谱分析家、厦门大学化学化工学院教授。为了国家建设发展需要，放弃挚爱的摄影，积极投身光谱分析研究。花甲之年在厦门大学建成堪称国内一流的原子光谱实验室。为我国原子光谱事业的开创、发展以及多层次人才培养做出了重大的贡献。

黄本立 1925 年 9 月出生于香港，父母早逝，由祖父母抚养长大。当时的香港由英国政府殖民统治，其祖父黄宏沛不愿意其子孙入籍香港，便专门请护士回家接生，不申请香港的出生证明。没有了"出世纸"的黄本立在五岁时就回到老家江门生活。

由于当时中国的政局混乱，日寇侵华掳掠、社会动荡不安，年幼的黄本立常要跟着祖父在香港、广东、广西之间颠沛流离，即使是这样，黄本

黄本立像

立也一直坚持读书。在他 15 岁那年，正值抗日战争，广东沦陷，黄本立就孤身一人转到广东的大后方韶关，途中差点被炸弹击中而丧命。他在韶关的坪石中学，读完了中学。其间祖父黄宏沛去世，他失去了经济来源，幸好有几位学友帮助，加上自己的勤工俭学，才得以完成学业。

在抗日战争胜利前夕，他以优异成绩考上了岭南大学物理系。岭南大学由美国长老会创办，是当时广东最好的大学，今中山大学的校本部就是原来岭南大学的校址所在。当时的岭南大学学费很贵，黄本

立只有通过勤工俭学的方式交纳学费，幸好黄本立的成绩很好，获得的奖学金给予很大的帮助。

黄本立的本科生涯在混乱的解放战争中渡过，因为中途病休了一年，直到 1950 年才毕业。其时，他的好友张值鉴为他申请了到美国读书的资格，而他也以优异成绩考取了华盛顿州立大学的研究生学位。当时新生的中国百废待兴，急需大量受过高等教育的理工科人才建设国家，黄本立毅然放弃了出国深造的机会，踏上开往长春的列车，由此开启其一生致力的光谱分析研究生涯。

一个土生土长的广东人，为何要选择去冻天雪地的东北工作呢？当时的黄本立想法其实很简单，他想当一名摄影师，而当时的东北电影制片厂是全国最好的电影制片厂之一。但事与愿违，因为他的专业学习背景，他被安排到了东北科学研究所。当时的东北是新中国工业基础最成熟的地区，在这里，黄本立清楚地认识到工业发展对国家的重要性，他不再心存幻想当摄影家了，而是一心一意地从事原子光谱分析研究。

原子光谱分析属于分析化学的一个分支，被称作科学界的"服务行业"，是为科技研究和生产提供基础数据的学科。在当时的中国，这方面的专才少之又少，黄本立的研究几乎就是从零开始。他先是从日本人废弃的研究室中找到一台小型摄谱仪，将它修理后，开始了最初的光谱分析工作。当时的研究主要是对电机碳刷子和电解锌等工业样品进行定性分析，难度不算大，也为他入行积累了最初的实践经验。

两年之后，苏联的援助来了，黄本立得到一台新的苏制中型摄谱仪，并着手建立起对球墨铸铁、黄铜、电解铜阳极泥等物质的定量分析方法。有了这套方法之后，他又深入工厂培养技术骨干，帮助工厂安装、维修设备，他的光谱实验室逐步完善起来。黄本立为抚顺钢

厂试制了一台电花激发光源，这是中国第一台自制光谱分析用的电花光源。

1955 年，黄本立转向了矿石矿物分析，发展并改善了常用的一种半定量方法——"数阶法"，提出"数阶法"半定量分析中的"接线法"和"内标法"，这在当时中国国内主要用照相摄谱法的情况下具有较大的学术意义和应用价值。1957 年，黄本立创立了一种可测定粉末样品中包括卤素在内的微量易挥发元素的双电弧光谱分析光源。1960 年，他在中国建立第一套原子吸收光谱装置并开展研究工作，发表了中国国内首批原子吸收论文。1975 年，黄本立从事新型光源感耦等离子体光谱分析研究，所研制的新型雾化 – 氢化物发生装置，使用样品量和一般的雾化器一样、但可同时测定氢化物元素和非氢化物元素，并使氢化物元素的测定灵敏度提高了 20 倍。正是这一系列的方法创新与研究成果，奠定了黄本立在学界的地位。

当时，中国受到国际社会的封锁，不容易获得先进的设备与技术，但黄本立还是想方设法与国外同行沟通，了解最新的科技动向。一方面是通过书信方式向国外同行索取论文复印件，另一方面是向国外仪器公司索取仪器样本和技术资料，这些都为他的学术发展提供了必要的支持。

"文革"期间，他被关进牛棚，但仍然没有放弃科研。当时，被关的隔离室是实验室，他就千方百计在实验室中拿到一些有机玻璃、大头针等材料，再加上一些旧稿纸，就地开展发射光谱数据的计算。结果，这一研究成果最终帮助他在日后研制出国内第一台钽舟电热原子吸收光谱仪。

1986 年，已过花甲之年的黄本立接到中国科学院院长卢嘉锡的动员，要求他继续发光发热，支援特区建设，调到厦门大学主持原子光谱分析实验室，支持该校的博士点建设工作。当时，向他投来橄榄枝的还有一家来自美国的公司，所开出的条件也远比厦门大学优厚，但他还是坚定地选择了条件简陋的厦门大学。此后，他通过原有的人脉关系，把几名在美国留学的博士招回国内，又通过横向协作、技术输出等形式，吸引了几家国内外企业为其捐赠先进的设备仪器。在有了先进的硬件之后，黄本立身先士卒，带领团队进行科研攻关，仅用了三年时间就完成了 10 多项科研任务，其中有 4 项国家自然科学基金项目和一项国家教委优秀青年教师基金项目，一下子大大提升了厦门大学原子光谱分析实验室的"江湖地位"，成为国内第一位以原子光谱分析为研究方向的博士生、博士后导师。

回顾黄本立的学术生涯，曾获得中国科学院重大科技成果二等奖 4 次、三等奖 2 次；国家科委科技进步二等奖 1 次；国家教委科技进步三等奖 1 次；吉林省重大科技成果二等奖 1 次；福建省科技进步一等奖 1 次。因为在光谱分析领域贡献突出，他在 1993 年当选中国科学院院士。

（宋旭民）

卢 骏

美国总统首位华人医疗顾问

卢骏（1926—2015），别名卢观桂，新会县潮连卢边（今属江门市蓬江区潮连街道）人，美籍华人。心血管病专家，美国科学院院士。先后担任约翰逊和尼克松两位美国总统的医疗顾问。1965 年列入美国名人录（东部卷）。1969 年 1 月，被尼克松总统亲笔签署荣誉证书，嘉奖其功绩。他把西医德日派与美英派的精髓熔于一炉，汲取中医所长，形成自己一套独特的医术，在美国使用传统的中国医学——针灸治病。

1945 年，卢骏毕业于国立中山大学医学院，1949 年赴美留学，翌年获美国纽约大学医学研究院博士学位。1956 年任美国马里兰州纪念哈佛医院内科主任兼心脏系主任。

1959 年，卢骏被美国聘任为总统医疗顾问，先后为四位总统服务。在卢骏私人诊所特设的证件室内，有美国第三十四任总统艾森豪威尔于 1959 年 4 月 7 日亲笔签发的委任状，写着："基于我对医学博士卢骏的品德和才干的特殊信任，我特任命医学博士卢骏为总统医学

图中左三为卢骏先生

顾问，并授予全权执行他的任务。"还有美国第三十六任总统约翰逊于1964年4月22日亲笔签署的感谢证书，"感谢医学博士卢骏担任总统医学顾问五年来对国家的贡献"。1965年，卢骏被列入美国名人录（东部卷）。在他担任总统医学顾问满10年之际，美国第三十七任总统尼克松于1969年4月28日签署一份感谢证书颁发给卢骏，感谢他10年来的贡献。

卢骏的胞弟卢东先生曾问道："你是个华人，1949年才来到美国，为什么1959年就当上了总统的顾问？你是否有神奇的医术？"卢骏说："我没有神奇的医术，至于总统们都找上我，那是我在美国用孔夫子思想行医的效果啊！"

做仁医必须有仁术，要掌握和采用世界上最先进的医疗手段。卢骏在国内中山大学接受过西医德日派、在纽约大学接受过西医英美派的系统教育与训练，又对中国传统医学有着深入了解，能综合择取各家之长。他把西医德日派与美英派的精髓熔于一炉，汲取中医所长，形成自己一套独特的医术，在美国使用传统的中国医学——针灸治病。他把对病源病理的研究，临床实施的精细与对具体病人的全面考察以及辩证分析都结合到施治中去，因此，他的诊断非常精确，这正是他超越普通医生之处。

卢骏以孔子仁爱之心关爱自己的病人，除坐诊外，总要与住院病人和家属联络，倾听他们诉说病痛和愿望，帮助他们解决疑难。心血管病变十分复杂，又与人体各器官互相牵连影响，而且因人而异。在行医过程中，他想到孔子的仁爱思想，"己所不欲，勿施于人"，因此"医德为重，仁爱居首"，他首先严格要求自己，对每位经他治疗过的病人，都设立详尽的病案，把自己的检查，诊断，治疗过程，病情变化，今后如何康复保健，等等，都书写清楚，及时地送回给病人的家庭医生。他还感谢家庭医生对他的信任，把病人送来给他。他也请病人信任自己的家庭医生，"因为我已把你的情况详细告诉他了，他会照顾好你的，你可以放心。"，所以他受到广大的家庭医生的热烈欢迎和赞扬。卢骏精湛的医术和高尚的医德很快就远近传扬。

同时，卢骏的很多专业建议都被美国医学界采纳了。比如美国的医院一向只有内科没有心脏科，但 20 世纪 50 年代以来心脏病激增了。卢骏建议从内科分出心脏科来，现在全美的医院都建立了心脏科。又比如现在普及徒手实施心肺复苏的手法，连小学生都要学会，也是卢骏向美国总统建议后实行的。

1958 年 4 月 24 日，美国纽约科学院给卢骏颁发了特聘他为该科学院院士的证书，这是极高荣誉，因为这是美国高等级的科学院，伟大科学家爱因斯坦也是该院的院士。许多国会议员和州长都上门求医，他的名声很快就传到了白宫，故此才有总统任命书上"我对医学博士卢骏的品德和才干的特别信任"这样的评语。卢骏在 1959—1969 年间连续担任美国总统医学顾问 10 年，经历艾森豪威尔、肯尼迪、约翰逊和尼科松四位总统的任内。这是华人在美国历史上从来未曾有过的荣耀，卢骏的声誉也在世界各地传扬。1965 年，他的姓名和事迹被载入《美国现代名人录》（东部卷）。1973 年 12 月，他应邀到英国皇家卫生学院讲学，被授予"皇家荣誉院士"，这是只有得到英国女皇赞许才能拥有的头衔。1987 年，卢骏又成为美国胸科学院的终身院士。

"医学无国界，月是故乡明"，卢骏亲笔书写的大字条幅，高挂在他美国家中。卢骏曾数度回到家乡潮连，家乡政府也在潮连中心学校校园内为他建立半身铜像。2015 年，卢骏逝世，享年 89 岁。

（张景秋）

黄汉纲

文史文物的抢救者

黄汉纲（1926—2003），棠下横江（今属江门市蓬江区棠下镇）人。从事文物研究工作数十年，一生与古籍、文物打交道。抢救濒临消失的文史、文物约有 5 万件之多。

黄汉纲生活节俭，唯一嗜好就是研究故纸、书籍、文物，常在文物仓库或图书馆里一泡就是一整天，乐此不疲。他常常说："我是博物馆的，有文物来找我。"

20世纪50年代，黄汉纲得知广州造纸厂废旧报纸仓库里，不时夹有清朝的《国事报》《农工商报》等，便马上赶去，兴致勃勃地一头钻进那堆叠如山的废旧报纸堆中。他一页页、一张张地翻阅，累了就在纸堆上躺一躺，然后又干；饿了，就到街上随便吃点东西。日复一日，年复一年地这样干了四年，他终于从废纸堆中找出了1000多份清朝早期的报刊，还有辛亥革命的史料等，并收藏在广州博物馆文物仓库里，为保护濒临消失的祖国文化遗产做出了贡献。

在广州市荔湾区政协第九届委员会期间，他将自己数十年的学术研究积累，抢救文史、文物的成果，撰写成《近代历史名人在荔湾选记》长文，选入荔湾文史第四辑《荔湾风采》。他向区委、区政府建言：《荔湾区应建成商贸文化旅游区——兼论荔湾区的真正优势在哪里》提供传统文化依据。该文列出荔湾区历史众多"第一"成就，是他多年研究的成果。后来领导接受区政协文史委的建议，将荔湾区原定的战略目标：由荔湾商贸旅游区改为商贸文化旅游区。

1994年，荔湾区政协学习文史委的文史委员，按照区政协主席程忠汉、副主席梁炳寰关于"文史工作要做到为经济建设服务"的指示精神，向"老西关"、知情人求教学习，积极挖掘区辖内文史、文物等文化遗产资料，全面系统摸清区的文化"家底"，参政议政，向领导建言献策。

在广州市荔湾区一次文史委员工作会议上，黄汉纲首先提出，海山仙馆是清嘉庆、道光、咸丰年间在广州西关所建造的一座独具岭南风格、闻名中外的私家园林建筑。园主潘仕成是一位具有文化修养的商贾巨子，为道光、咸丰年间广州四大首富代表人物之一，以其巨大财力、悉心搜求历代名家手迹、古帖、书画、善本、金石等文物，整理出版，其中不少为宋元明人未刻过的手写稿及粤中名人遗著。海山仙馆在同治十二年（1873）后归官拍卖，园地瓜分为彭园、荔香园和潘园。解放后该园林衰微破败，至今荡然无存，但其遗存的文物在荔湾区，乃至岭南历史上仍具有独特地位和文化旅游价值。黄汉纲把自己数十年对此问题的研究成果和学术积累无私地贡献出来，并把自己解放初期苦苦追寻海山仙馆文物、图片等资料下落情况告诉大家。

荔湾区政协学习文史委决定要很好利用这些资源，扩大宣传，提高荔湾区知名度，带旺区经济。于是征编出版荔湾文史第四辑《荔湾风采》，于1996年出版，把黄汉纲提供的珍贵材料刊登在书内。另外，由委员罗雨林代表文史委写出《关于全面复建海山仙馆、荔枝湾故道、典型的西关大屋的建议》，在荔湾区政协十一届三次全会上作大会发言，作重点提案向政府建言献策。区领导十分重视，同意复建海山仙馆，交由区建设局负责组织实施。

2002年，黄汉纲提出位于珠玑路连珠巷的珠玑路小学是广州目前仅存的两个行业性会馆之——银行会馆原址。这银行会馆是广州银号行业共同创立的行业会馆，它始建于清康熙十四年（1676），其经营的项目与钱庄、票号相同，主要为存款、贷款、汇总等资金融通调拨业务。它的存在真实地反映了广州贸易发展的状况，对研究广州经济更有一定的价值。它虽只剩下前座、大殿、门前广场及广场东西两座门楼，以及大厅会馆牌匾等，但仍具有一定的保留价值，建议保留修复，复原正门，向广州市申报作为市级重点文物保护单位。区文化局对黄汉纲委员的提议十分重视，经考察认为确实有保留价值，并准备采取维修复原工作，进行申报作为市级文物保护单位的工作。

黄汉纲先生在生命的最后日子里，仍然十分关注和积极参与抢救祖国优秀文化遗产，全身投入文史、文物的收集、整理和研究工作。2002年4月，黄汉纲先生参与《粤剧粤曲艺术在西关》的编撰工作。在时间短任务重的情况下，参与编撰的同志按照全书提纲的内容要求，开展全面、系统抢救收集、研究粤剧、粤曲艺术在西关历代原始、实证性材料的工作，挖掘出许多鲜为人知、濒临消失的材料。在寒冬与酷暑中，人们以"只争朝夕"、超常规的速度和干劲，在广东省立中山图书馆资料库、广州博物馆图书资料库、广州文艺研究所、广东音乐曲艺团、广东省艺术研究所资料室等，奋战了500多个日日夜夜。当时，黄汉纲先生负责第三部分。内容涉及粤剧剧本及粤曲曲本、粤剧粤曲演出场所和印刷书坊（局）等。黄汉纲先生非常认真细致进行编撰。他从众多粤曲曲本中精选出32首代表性的曲本进行精辟点评，体现出他深厚的学术功底和艺术欣赏力，也表现了他对待工作严谨、认真、一丝不苟的精神。可惜，此书在紧锣密鼓、即将大功告成的时刻，黄汉纲先生积劳成疾而入院治疗，在病床上仍念念不忘他负责的那部分的编撰工作。

2003年8月24日，黄汉纲因病逝世。

（罗雨林）

陈灏珠

中国当代心脏病学奠基人

陈灏珠（1927—2020），祖籍棠下镇石头村（今属江门市蓬江区棠下镇）。中国工程院院士，著名心血管病专家、医学教育家。中国第一个提出"心肌梗死"医学名词的医生，是中国"当代心脏病学"主要奠基人之一，为我国心脏病学的学科发展和人才培养做出了重要贡献。曾任中国农工民主党中央第十、十一、十二届主席，第七届、第八届、第九届全国政协常委等职。

作为一名临床医师，陈灏珠忘
我工作，从实习医师到住院医师，
再到主治医师，他在中山医院集体
宿舍住了整整六年，平时几乎没有
节假日。

1950 年，国家号召广大医务工
作者参加上海市郊区为中国人民解
放军防治血吸虫病的工作。当时工
作条件非常简陋，进行静脉注射锑
剂治疗危险性也很大，陈灏珠毅然
报名参加。经他悉心治疗的解放军
战士无一发生意外或严重并发症，
为此他荣立了三等功。

陈灏珠像

1951 年，他再次响应号召参
加了抗美援朝医疗队，在东北军区第二陆军医院救治前线转送下来的
伤病员，同时帮助创建东北军区军医专科学校（现第一军医大学的前
身），荣获中国人民志愿军后勤卫生部颁发的立功奖状。

1968 年，陈灏珠参加医疗队来到贵州省威宁县巡回医疗，为边远
山区人民特别是少数民族群众服务。山区的生活条件极其艰苦，有些
季节食物供应都会发生困难，诊治一个病人常常要走一天的山路，医

疗器械和药品更是奇缺，他没有退缩，坚持天天出诊，并以高尚的医德、精湛的医术赢得了当地群众的尊敬。为了提高当地的医疗水平，他还在百忙之中抽出时间培养了一批当地基层医生，在这些医生能独立处理当地常见病、多发病后，他才离开贵州。

1969 年，云南通海发生大地震，陈灏珠参加上海市抗震救灾医疗队连夜飞赴灾区。他和同事们冒着余震，风餐露宿，不分昼夜地抢救伤病员，控制灾后传染病，帮助解决疑难杂症，直到最后一批撤离。

20 世纪 70 年代，陈灏珠已经是一位有名望的心脏病学专家，他的科研能力和创新精神，为新中国心血管病的预防和诊治研究创下了多个"第一"，并受到国际医学界的瞩目。1972 年在上海市卫生局统一安排下中山医院正式建立心脏内科，他担任第一任心脏内科主任。

70 年代以后，来访我国的外国人士逐渐增多，陈灏珠多次参加来华访问患病外宾的抢救工作。1975 年我国与美国建交之初，美国血吸虫病代表团副团长巴茨博士在我国访问期间突发心肌梗死，生命危在旦夕。陈灏珠受命前往抢救并担任抢救组组长，他婉言谢绝了美方派医师来华主持抢救的要求，与同事们一起经过七昼夜不眠不休的治疗和监护，终于使病人脱离了危险。巴茨博士完全康复回国后，1976 年美国权威医学《内科文献》杂志详细报道了此事，同时发表了该国著名心脏病专家戴蒙德教授（Dimond E. G.）的特别评论："中国医务工作者纯正的热忱、良好的愿望和献身精神现实地提醒了我们，不论政治制度如何，这些品质是可以而且应该坚持的。"

1978 年起至今，陈灏珠先后担任上海市心血管病研究所（设于中山医院内）副所长、所长、世界卫生组织专家咨询委员会委员以及心血管病研究和培训合作中心主任。这期间他团结全所同志努力工作，先后建立心血管病专科病室、心脏内科专科门诊、心血管病监护病室、心脏导管造影诊断室和超声心动图诊断室等。迄今已治疗了数万名心血管病病人。此外，他还完成了市内和国内许多会诊和抢救任务，配合心脏外科进行手术治疗。他所领导的心脏内科，先后被定为国家教委和卫生部的重点学科、"211"工程发展规划重点学科、上海市医学领先专业以及上海市心血管临床医学中心。2003 年他荣获上海市医学的最高奖项——上海市医学荣誉奖。

早在 20 世纪 50 年代末到 60 年代初期间，陈灏珠作为一名年轻的心脏内科医师，就已在心脏内科学界崭露头角，发表了大量的学术论文和病例讨论总结。1954 年，他发表诊治心肌梗死的论文，在国内首先采用单极胸导联心电图作诊断。1958 年，他提出在临床工作中应注意预防用洋地黄及洋地黄类药物时发生的毒性反应。1959 年以后，他连续发表了许多有关心导管检查、其他介入性检查诊断心血管病、以及配合外科手术治疗心血管病的论文。

陈灏珠是我国介入性诊断心血管病的奠基人之一。早在 20 世纪五六十年代，他就开始使用右心和左心导管术、心腔内心电图和心音图、选择性染料和维生素 C 稀释曲线等介入性诊断技术，诊断先天性心脏病和后天性瓣膜病。70 年代，我国在冠状动脉介入性诊断和治疗领域还是一片空白。1972 年，陈灏珠承担了上海市的重大科研任务，与上海市第六人民医院合作开展这方面的研究，仅仅用了一年时间，他便于 1973 年 4 月 23 日在国内首先施行选择性冠状动脉造影获得成功。这是我国冠心病诊断水平提高的一个里程碑，为冠心病的介入和外科治疗打下了基础。1968 年 4 月，他和心脏外科石美鑫教授合作在国内首次安置埋藏式永久性心脏起搏器，治疗完全性心脏阻滞成功。1972 年，他在国内率先主持用经静脉心脏起搏法中止快速心律失常获得成功，技术达到国际水平，为我国心律失常介入性治疗的发展奠定了基础。该"心脏起搏器的研制和临床应用"课题获"1978 年全国科学大会重大贡献奖"，有关论文在 1980 年美国 *PACE* 杂志发表。

1991 年，他又率先在国内报告血管腔内超声检查显示血管壁病变的研究工作，并在第九届世界起搏和电生理会议上介绍我国的心脏起搏工作。1995 年，陈灏珠在国际会议上报告了冠状动脉腔内超声检查临床应用的论文。这一研究又大大提高了我国冠心病的诊断水平。他所著的《心脏导管术的临床应用》一书被我国学者视为介入性心血管病诊治的经典著作。2006 年，陈灏珠获得了中华医学会中国介入心脏病学终身成就奖。

陈灏珠也是我国研究冠心病、动脉粥样硬化和与之相关的血液脂质变化的先驱者之一。他不仅率先进行配对调查阐明其致心肌梗死的危险因素，提出预防策略，还研究其急性期的血组织型纤溶酶原激活剂的浓度，提出治疗对策，以及主持冠心病的辩证论治和用活血化瘀法治疗冠心病的工作并阐明其原理。该课题于 1977 年和 1978 年分别荣获上海市重大科技成果奖和全国科学大会重大贡献奖，有关论文多次在国际会议上报告。20 世纪 70 年代，他又首先主持进行我国健康人大规模血脂含量的调查，从血脂水平角度提出我国患动脉粥样硬化者较西方人少见的原因。该研究的有关论文于 1982 年和 1985 年分别在第六届和第七届国际动脉粥样硬化会议上宣读，并在英国 *Atherosclerosis* 杂志发表。陈灏珠提出的中国健康人血脂值已被公认为真正的正常值。这些数据为我国心血管病的研究提供了宝贵的资料，受到国际同行注目。

陈灏珠同时也是我国最早研究心脏病流行病学的学者之一。早在 20 世纪 50 年代，他就根据研究结果预测我国心脏病的病种变迁和流行趋势将随人民生活和卫生条件的改善逐渐与发达国家接近，冠心病将成为最常见的病种。如今这一预测已成现实。他对上海市心脏病病种构成的监测至今已坚持了半个多世纪，2003 年发表在中华内科杂志的有关论文被 *Bacteriology Abstracts* 杂志摘要收录。他还主持参加世界卫生组织对心血管病人群的监测工作，有关成果获"1993 年卫生部甲级科技成果奖"。

此外，陈灏珠在心血管病的研究方面还作出许多贡献。他最早在我国研究各型原发性心肌病，又是我国少数研究心脏肿瘤的学者之一，他进行的抗心律失常、抗心绞痛、抗高血压、强心甙和调整血脂等药物治疗的临床研究促进了国产药物的发展。1976 年，他在国际上最早使用超大剂量异丙肾上腺素静脉滴注抢救"奎尼丁晕厥"（严重快速室性心律失常）获得成功，其论文受到世界医学界的瞩目。陈灏珠是五个国际学会会员，曾任 *Geriatric Cardiovascular Medicine* 杂志编委，还作为中华医学会特派代表出席了第 43 届美国心脏病学院院士的授证典礼。作为上海市心血管病研究所所长，数年来在他的带领下，该所已发展成为临床和基础两大学科相互渗透、相互配合、国内最优秀的心血管研究机构之一，并一直是世界卫生组织心血管病研究和培训合作中心。2004 年，陈灏珠荣获"上海市优秀科研院所长奖"。

陈灏珠不仅是一位心血管病学家，同时也是一位优秀的医学教育家。从 1949 年起，他开始担任内科学助教，1957 年担任讲师。由于"文化大革命"的影响，1978 年，他才晋升为副教授并定为硕士研究生导师。1980 年，他被破格晋升为教授。1981 年，他又被定为全国第一批博士研究生导师。在近 60 年的教学生涯中，他以高尚的医德、严谨的学风、广博的知识将一批又一批学生培养成祖国栋梁之材。迄今他已先后培养了博士后 3 名、博士 44 名、硕士 24 名，以及大量的各级医师、进修医师和医学生。

为了提高下级医师的英语水平，他坚持用英语进行教学查房，深受学生欢迎。他的"心血管内科继续教育十九年"课题获得 1996 年上海市优秀教学成果一等奖。为表彰陈灏珠培养优秀中青年教师的工作，1989 年和 2001 年分别颁发"上海医科大学伯乐奖"和"上海市第八届银蛇奖特别荣誉奖"。

在繁忙的日常工作之余，陈灏珠还笔耕不辍，著书立说。历年来，他先后主编《中国医学百科全书心脏病学》等 11 部专著，参加编写参考书 30 余本、教学讲义 40 余种。他主编的高等医学院校教材《内科学》，1990 年第三版获"卫生部第三届全国高等院校优秀教材二等奖"。1996 年第四版获得"上海市优秀教材一等奖"。《实用心脏病学》第三版获得"华东地区优秀科技图书一等奖"。由他副主编的《实用内科学》第九版分别荣获"卫生部科技进步一等奖"和"国家科技进步二等奖"。此外，他还主译了世界医学名著《心脏病学》《西氏内科学精要》《默克老年病学手册》等。他还曾为 53 位中青年医师所编写的专著作序，鼓励他们著书立说。

1978 年，陈灏珠当选第五届上海市政协委员，从此他开始尽职尽责地参与各项社会活动。1983 年，他任第六届上海市政协常委，1989 年起，他连任第七、第八、第九届上海市政协副主席。1989 年，他当选第七届全国政协委员、常委。1992 年起，陈灏珠连任第七、第八、第九届全国政协常委。1988 年，他出任中国农工民主党上海市代理主任委员。1989 年起，连任第七、第八、第九届主任委员和中国农工民主党中央第十、第十一、第十二届副主席。多年来陈院士积极履行政治协商、民主监督和参政议政的职责，每年向政府提出的提案中都有优秀提案，许多在政协会议中的发言受到有关方面的重视，有的还被人民日报"内参"刊登，并且两次在全国政协全会、三次在全国政协常委会作大会发言。

陈灏珠几十年如一日在医疗、教学和科学研究方面辛勤耕耘，为人民的卫生健康事业努力奉献他那充沛的精力和全部的才华。陈灏珠因病于 2020 年 10 月 30 日在上海逝世，享年 96 岁。

（张景秋）

史轶蘩

中国现代内分泌学泰斗

史轶蘩（1928—2013），江苏省溧阳市人，出生于江门。中国工程院院士，中国现代内分泌学奠基人之一。在临床内分泌学领域辛勤工作40余年，她在国内首先总结及报告了甲状腺功能亢进、库欣综合征、嗜铬细胞瘤、特发性甲状旁腺功能亢进、原发性甲状旁腺功能低减等症的诊治经验。史轶蘩带领的学科团队历时14年完成的"激素分泌性垂体瘤的临床和基础研究"于1992年获得国家科技进步一等奖。

　　1928 年 11 月 1 日，史轶蘩出生于江门，其父在江门海关任职，后调任国内多个城市。兄妹四人当中，史轶蘩从小就非常聪慧，成绩优异，并且始终有一种不服输的精神。在青岛上中学的时候，日本侵占了青岛，强迫学生每周学习日语。她对侵略者极为痛恨，置日语学习不顾，自己在家补学英文。1946 年，史轶蘩考入燕京大学的医学预科，她学习极为刻苦，成绩出色，每年均获得该校优秀学生奖学金。

史轶蘩像

　　1949 年她考入北京协和医学院医疗系，1954 年毕业后留在协和医院工作。1963 年起，史轶蘩任协和医院内分泌科主治医生。1981—1982 年，史轶蘩被派往美国国立卫生研究院（NIH）的儿童健康与人类发育研究所进修两年，对正规化的科学研究方法和临床结合基础的科学研究思路有了非常深刻的认识。进修结束后美方导师希望她能留在 NIH 继续工作，但史轶蘩婉拒了导师的好意，如期回国。同时她还带回用节省下来的生活费购买的试验仪器和各种试剂，让国内的研究工作得以迅速开展。

史轶蘩对待工作和临床教学都极为认真，高标准做好医学教研工作，不断对内分泌的各种疾病进行总结。在临床内分泌学领域辛勤工作40余年里，她在国内首先总结及报告了甲状腺功能亢进、库欣综合征、嗜铬细胞瘤、特发性甲状旁腺功能亢进、原发性甲状旁腺功能低减等症的诊治经验，为国内医院广泛采用，为许多患者解除病痛。史轶蘩带领的学科团队历时14年完成的"激素分泌性垂体瘤的临床和基础研究"于1992年获得国家科技进步一等奖，在临床医学研究领域中获得这样高级别的奖励并不多见。后任卫生部内分泌重点实验室主任，是中国应用神经内分泌药物治疗下丘脑—垂体疾病的开拓者。由她主编的《协和内分泌代谢学》提高了中国内分泌疾病的诊治水平，还为提高中国内分泌学科的国际学术地位做出了重大贡献。

在科研中披荆斩棘，在教学上史轶蘩是诲人不倦的严师。在临床教学中她言传身教，讲解深入浅出，注重培养学生独立思考能力和研究能力。查房时她的提问重在启发学生思考，让接受指导的学生们受益匪浅。讲授"内分泌总论"这门课程时，她运用打比喻、举例证或者图表展示等多种方法，将抽象枯燥的理论娓娓道来，让学生们终身难忘。同时她对学生严格，文献汇报必须做到流利表达，还要不断地学习，更新知识。这样严格、无私、注重方法的教学方式让许多医学界人才获益匪浅。

2013年，史轶蘩病逝，众多医学界专家纷纷缅怀这位现代内分泌学泰斗。

（华夏）

张德维

资深外交家

张德维（1930—　　），杜阮长乔村（今属江门市蓬江区杜阮镇）人。中华人民共和国成立后第一位江门籍国家外交大使，是一位红色外交家。张德维从事外交工作至今 70 余年，先后担任过毛泽东、周恩来、刘少奇、朱德、李先念等党和国家领导人的越语翻译。长期致力于中越、中泰、中柬友好工作，一直在外交战线上为国效力。

　　张德维幼年入学本村学堂两年余。1939 年，他刚满九岁时，便随家人逃难至澳门，然后转往香港，暂住二伯父家。随后一家五口颠沛流离，远涉异国越南（当时称"安南"），侨居越南北部的南定市。父亲在一家乡亲开的商铺做会计，一家人生活得以安顿下来，并让其插班在当地华侨小学四年级继续读书，后升入光华中学至初中毕业，期间还入越南学校专修越文。1946 年，经父亲的朋友介绍，张德维转到越南中部清化市的一家华侨中药铺当学徒，学习中医中药。

　　张德维在少年时期就喜爱读书，十四五岁时就广读古代文学作品以及近代著名作家（巴金、鲁迅等）的小说。后来他借到美国作家埃德加·斯诺的《西行漫记》（又称《红星照耀中国》）等延安手抄书本，尤为喜爱，由此他对共产党有了较多了解。加上张德维善于交友论道，从中开拓了一种新思维，渐渐接受了进步思想影响，这使他产生投身革命的萌动。而就在这时，他结识了在当地的中共地下党员廖胜、廖亚柱、罗一洲等人，并在他们的引导下参加了地下党的外围组织——"青年互助会"等活动。

　　1948 年 8 月，不足 20 岁的张德维参加由粤桂边区所派干部领导、以印支共中央华运工委名义组织的政治工作队，在华侨青年中从事政治宣传工作。1949 年 5 月，他调至粤桂边区南路武装进入越南组成援越抗法"独立团"，在独立团政治处任政工队长，在越南东北一带游击

根据地参加抗法斗争。1949 年 9 月，张德维在独立团政治处主任吴健、干事刘莲介绍下加入中国共产党。

1950 年春，中共中央应越共（当时称"印度支那共产党"）中央请求，先后派出以罗贵波同志为首的政治顾问团和以韦国清同志为首的军事顾问团赴越，帮助越南党和政府进行抗法战争。1950 年 5 月至 1954 年 8 月，张德维奉调至援越顾问团担任翻译工作。在政治、军事顾问团工作四年余，后期任翻译股股长。1954 年 8 月，罗贵波被任命为中华人民共和国驻越南民主共和国首任特命全权大使，张德维随调至大使馆任职，参与到河内首都筹建馆址和担任大使馆翻译与调研工作。

1956 年 6 月，张德维被调回中国外交部，任亚洲司二处科员及首席越语翻译。先后担任过毛泽东、周恩来、刘少奇、朱德、李先念等党和国家领导人的越语翻译。1964 年 4 月，张德维被再度派往中国驻越南大使馆任三等秘书。其间，参与了许多援越抗美的具体工作。"文革"时期，大使馆许多领导被调回国参加运动，张德维就成了大使馆首席馆员，参与使馆一些领导工作。1967 年 4 月至 1969 年 9 月，张德维参加了中国医疗组对越南主席胡志明进行健康诊治、抢救全过程的工作，担任医疗组秘书、党小组组长及胡志明主席的翻译。1969 年 10 月，他被下放到湖北"五七干校"劳动锻炼。

1971 年初，因外事需要，张德维又被调回外交部亚洲司工作。1971 年 2 月至 1985 年 5 月，他先后任中国外交部亚洲司二处副处长、处长，亚洲司副司长、司长兼外交部柬埔寨元首接待办公室主任。1978—1984 年，张德维曾先后出席联合国关于柬埔寨问题特别大会（特别联大）、联合国关于越南难民问题日内瓦国际会议。1985 年 5 月，他获任命为中国驻泰国特命全权大使并兼驻民主柬埔寨特命全权大使。

同年 7 月，赴泰履新，同时担任联合国亚太经济社会委员会常驻代表。1989 年 3 月，结束在泰国、柬埔寨任职。

1989 年 4 月至 1993 年 3 月，张德维出任中国驻越南特命全权大使，为中越两党两国恢复正常关系做了一系列努力，促成中越两党两国高层领导的成都会晤。1990 年 9 月初，他参与江泽民总书记、李鹏总理同越共中央总书记阮文灵、越南部长会议主席杜梅和越共中央顾问范文同的成都会谈，中越双方达成了政治解决柬埔寨问题和恢复中越两党两国正常关系协议。1991 年 11 月，中越发表联合公报宣布两党两国关系正常化。

1993 年 3 月，张德维结束驻越南大使任期，次年 6 月离休并出任中越友好协会副会长。1996 年至 2016 年，他任北京市越南、柬埔寨、老挝归侨联谊会第三、第四、第五届会长，第六届名誉会长。其间曾两次带团赴美国、加拿大与一些当地侨团建立联系和沟通。1998 年 10 月，他应邀出席东南亚论坛发表演讲，获泰国总理他信、大公主诗琳通会见款待。2000 年 9 月，他率中国人民对外友好协会和中越友好协会代表团赴越南出席"越中友好协会"成立 50 周年纪念大会并进行友好访问；会见越南政府总理潘文凯、副总理阮孟琴、国会副主席张美华、外交部长阮怡年等。2004 年 5 月，张德维率中国前援越顾问代表团赴越参加"纪念奠边府胜利 50 周年盛典"活动；会见越南人民军原总司令武元甲大将、政府副总理武宽等。2005 年 7 月，他应邀参加中国原驻泰国大使代表团访泰庆贺中泰建交 30 周年活动，获泰国国王普密蓬·阿杜德高规格接见。2008 年 5 月，他应邀参加"中国友好人士代表团"赴越参与"相约在胡伯伯故乡"活动，会见越南国家主席阮明哲。

2010 年 8 月，张德维率领中国前援越专家和老战士代表团访越，

参加越南八月革命胜利和国庆 65 周年典礼及相关活动；分别会见越南国家主席阮明哲、越共中央书记处常务书记张晋创等。2013—2015 年，分别出席了越南党中央总书记阮富仲、国家主席张晋创、国会主席阮生雄、总理阮春福的友好会见活动。2015 年 11 月初，他同时任中国人民对外友好协会会长李小林一道，以中越友好协会副会长身份赴越。2016 年 9 月中，越南新任总理阮春福首次访华期间，张德维以中越友协副会长身份会见阮春福总理，并出席李克强总理举行的欢迎宴会。

（秦有朋）

郭景坤

无机材料研究王国的常青树

郭景坤（1933—2021），祖籍棠下镇大林村（今属江门市蓬江区棠下镇），出生于上海。曾任中国科学院上海硅酸盐研究所所长、国家高性能陶瓷和超微结构国家重点实验室主任，是国家"863计划"新材料领域第二届首席科学家。1991年，当选为中国科学院学部委员（院士）。

郭景坤的父亲 16 岁来到上海，在亲戚的首饰行当学徒。次子郭景坤出生时，全家人的生活仍然是勉强温饱，一家四口长年生活在一个 12 平方米的房间当中。郭景坤虽然个子不高，但是从小就有股不怕难、不服输的劲头。有一年夏夜，郭景坤和哥哥一起睡在地板上，望着窗外的月亮聊起学英文的事。哥哥对他说："你的英文还可以，将来可以去当翻译。"听完之后郭景坤却反驳说："我才不干呢，与其站在主讲人旁边去做他的翻译，何不自己去当主讲人？"

郭景坤像

郭景坤年少时立下高远志向，但走上科学研究之路前却颇多曲折。他 17 岁高中毕业时，父亲失业，家中捉襟见肘。郭景坤报名参加中国人民保险公司的招聘，成为一名保险业务员，被分配到福建省工作，一干就是四年。在这段时间里，他发现保险业务并不适合自己的性格，而且感觉自己懂得太少了，强烈的求知欲望驱使着他一定要参加高考。通过自学复习，1954 年 8 月，郭景坤考上了第一志愿复旦大学化学系，重新回到了校园中。

1958 年，郭景坤大学毕业以后，被分配到中国科学院属下的冶金陶瓷研究所硅酸盐室从事研究工作。中科院是国家最高的学术机构，也是郭景坤梦寐以求的、能够发挥自己才能的场所。1960年，中国需要研制一种长距离通信用装备——速调管，需要研制出两种高铝氧陶瓷以及它们与无氧铜环的封接件。郭景坤被挑选负责两种高铝氧陶瓷与无氧铜环封接的研究。为了攻克这一难题，郭景坤翻阅资料，并且到北京电子管的滑石瓷和可伐金属封接的生产线上实习。功夫不负有心人，经过多次失败与改良后，郭景坤提出的活化钼锰金属化方法，适合于多种氧化物陶瓷及蓝宝石单晶与金属的封接，提出的铂金属化法适应于酸碱环境中应用。1965年，"高铝氧质陶瓷的制造与封接工艺"项目荣获国家科技发明二等奖。

自20世纪70年代起，郭景坤从事陶瓷材料的强化与增韧研究。几经波折，研究小组独立研究出一种新型纤维补强陶瓷基复合材料，后被应用在我国洲际导弹的某个部件中。80年代末期，他从事多相复合陶瓷及陶瓷发动机材料的研究。90年代，他又着手纳米陶瓷的研究，从事高性能陶瓷及其超微结构研究，在研究无机材料的道路上，郭景坤一直没有停下前行的步伐。

2003年8月，郭景坤被查出患有喉癌。9月进行了全喉切除手术，与人交流只能依靠发声器。失去声音让人沮丧，但此后在2004年又被发现颈部锁骨和左颈部表面出现肿瘤硬块。经医院诊断很有可能是原有癌变转移复发，不得不再次手术并进行后续化疗和放疗。普通人难以承受的癌症病痛接二连三出现在郭景坤的身上，但从不向困难低头的他在家人的支持下积极治疗，在2005年体检时身体已经再无癌变迹象。

战胜癌症以后郭景坤又继续回到科研战线，先后参与了新型晶体材料及器件技术，激光陶瓷复合结构的界面扩散与热效应，高密度、

快衰减非对称体系闪烁透明陶瓷的制备和性能研究等众多国际级项目的研究。郭景坤曾合著、编和译书籍 14 种，发表论文 360 余篇。对科学的热爱，让郭景坤的生命在无机材料王国世界里常青。

（华夏）

伍启中

把家乡画入人民大会堂的画家

伍启中（1944—　），祖籍荷塘镇东良村（今属江门市蓬江区荷塘镇），生于广州，任职南方日报社《广东画报》美术编辑18年，是国家一级美术师、中国美术家协会会员，先后任广东画院副院长、广东省美协常务理事；广东省政协第六、第七届委员，第八届、第九届常务委员，享受国务院特殊津贴。

伍启中的父亲是荷塘镇东良村人，后来去了香港，最后在广州定居。伍启中在广州出生长大，一直在广州念书，毕业后也在广州工作。伍启中六岁时，父亲带他回新会，这是他第一次回家。记忆朦胧，他只记得当时回家乡还要过渡，坐着渡船一路摇摇晃晃，回到了荷塘。

伍启中很小便对绘画产生了浓厚的兴趣。他六

伍启中像

岁时，恰逢抗美援朝，街道墙壁上随处可见各种宣传画、漫画。看着它们，他的心情常常莫名兴奋。那时候懵懵懂懂，于是，当一名画家，就成了伍启中人生的梦想。

有了这样的想法，他就开始经常信手涂鸦。在空白的墙壁上，在课本的缝隙里，在废旧作业本上……只要能利用上的地方，都有他涂鸦的痕迹。那时候，伍启中什么东西都画，画各种电视上看到的人物，

画花草树木、花鸟虫鱼等。虽然都是信手涂鸦，却个个能画得有模有样，因此常常获得老师和同学的夸奖，不少人甚至称他"小画家"。

上中学后，伍启中对绘画的兴趣更加浓厚了。他利用课余时间参加了学校的美术组，有机会学习绘画的基本知识。在画册中，伍启中知道了拉斐尔、达·芬奇、提香、伦勃朗等一系列艺术大家的名字，他们让他更加坚定了当画家的人生目标。初中毕业后，伍启中决定报考广州美术学院附中。1959 年，他终于以优异的成绩考入广州美术学院附中，成为该班最年少的学生之一。

在美院附中念书时，他还有一段"偷师"学艺的经历。伍启中一直觉得自己不算是聪明的人，而他绘画技艺的进步，主要得益于勤学苦练。与许多学美术出身的人来说，他算是个半路出家，没有专门学过画画，只是进行过绘画基础方面的训练。在美院附中念书时，伍启中抓住一切可以利用的时间，学素描、学造型、学水彩水粉，不断夯实自己的绘画基础和功底。课余时，他偷偷钻到学院的教室里偷学别人画画。碰到友善的师哥师姐，可意外得到提点。碰着嫌他讨厌的，也常常被赶出门外。他们甚至给伍启中起了个"画室鼠辈"的诨号。

那时候，几乎所有的周末假期，伍启中都会花在速写上。他常常跑到珠江边，爬到轮渡码头上，观察各种各样的人群，观察他们的喜怒哀乐、所思所想、面部表情。在他眼前经过的干部、工人、农民、学生，甚至是小偷、乞丐等，都一一成了他的"私家"模特。他仔细地观察着，正面看、侧面观，阳光下、阴影中，点滴瞬间，用速写、默写记录下来。正是刻苦的习练，使他绘画水平突飞猛进。

在广州美院附中念书时，伍启中又有了一次回家乡的机会。那时候，学校把新会作为学生深入农村的基地。根据安排，他们去了小鸟天堂所在的天马村，而伍启中又被分到了天禄大队。天禄大队距离小

鸟天堂还比较远，虽然远，他和几个同学还是抽出时间去看了小鸟天堂。第一次看到小鸟天堂，他被这个天下奇观震惊了。"我的家乡太美了！"这是伍启中对家乡最深的印象。

那段生活其实很苦的。学生们就住在大队里，睡地板，每天早上5点多就起来干活，这种日子过了一个多月。大家还有学习任务，要在劳动中创作一幅画。那时候，新会经济作物很多，经济发展较快，在他印象中，新会美丽富饶，而家乡的特产柑和橙给伍启中留下了深刻的印象。于是，他以新会柑橙丰收为题材，创作了一幅名为《丰收时节满堂红》的年画。不料，这件作品竟然获得了不错的评价，也成为他第一部获奖的作品。

1963年，伍启中毕业了，但由于当时大学的美术系全部停办了，他不愿意学工艺美术便选择出来工作。那时候，他的想法十分单纯——能画画就行了。正逢《南方日报》需要美术编辑，伍启中被挑选出来，被安排到南方日报社的《广东画报》任美术编辑。

在报社，伍启中得到了许多锻炼的机会。他的一幅反映湛江渔港劳模的插图一见报，竟然打动了不少读者，这让他的自信得到了极大提升，也让不少领导同事刮目相看。不久，报社竟然让他单独采访铁路广深二组。在列车长的配合支持下，他用笔画下了许多感动读者的镜头，成功完成了报社交代的任务，并为广东电视台一个专题新闻片创作了不少生动的插画。

这份工作让他每天不停地画着速写、插图、油画等，题材也十分丰富，伍启中在工作中享受到了绘画的快乐。他在《南方日报》就这样干了18年，一直到1981年调入广东画院。对他来说，《南方日报》是一所再好不过的社会大学了，它提供了一个极好的艺术实践，包括学习和展示的平台。在那里，伍启中的绘画水平得到了极大的锻炼，对他今后的绘画生涯也有着不可忽略的影响。

伍启中擅长国画，是国家一级美术师、中国美协会员，先后任广东画院副院长，广东省美协常务理事；广东省政协第六、第七届委员，第八届、九届常务委员，享受国务院特殊津贴。

1986 年，伍启中应邀赴澳洲参加"中国周"活动并筹办"广东中国画展"。他的作品《石魂》《巧工图》分别获第一、第二届"广东省中国画展铜奖"。

国画《康有为》获 1989 年"第七届全国美展铜奖"。国画《浩气长存——孙中山》获 1993 年"全国首届中国画优秀奖"，并选入 2001 年《百年中国画展》。国画《双清楼主——何香凝》获 1994 年"广东省庆祝建国 45 周年美展铜奖"。国画《风雨青纱帐》获"纪念反法西斯和抗日战争胜利 50 周年省美展优秀奖"。国画《朱德在兰圃》获 2001 年"庆祝建党 80 周年省美展金奖"。国画《心潮逐浪高》获"省美协成立五十周年经典作品提名奖"。

此外，油画《东方欲晓》入选全国美展，由中国美术馆收藏；国画《心潮逐浪高》入选全国中国画连环画展；国画《世上无难事》入选全国"双庆"美展；合作油画《井岗山的道路》入选全国"毛主席永远活在我们心中"美展；国画《新区故地》入选第六届全国美展；《地盘工》入选十届全国美展。多幅作品被选送加拿大、日本、美国、澳大利亚、法国、瑞士、泰国、新加坡等国家和港澳台地区展出。部分精美作品被国家美术馆、北京人民大会堂、中南海及泰国皇宫、澳大利亚新南威尔士洲政府及其他海内外机构收藏。

后来，伍启中多次描绘过家乡，让人民印象最深的，是两幅以小鸟天堂为题材的画。2005 年，他创作的一幅名为《小鸟天堂》的国画，正式被北京人民大会堂管理处收藏并装裱悬挂在北京人民大会堂。这

是以江门侨乡风貌为主题的画作第一次挂进人民大会堂，这让伍启中十分自豪。这幅国画，是他于 2004 年底创作的。当时，江门提出建设文化名市，伍启中应家乡的邀请，感到义不容辞，也希望能够帮助家乡宣传，于是创作了《小鸟天堂》。他花了三个月的时间，倾注全部心血创作了一幅反映家乡美丽生态环境的国画《小鸟天堂》。

第二幅小鸟天堂作品同样是在 2004 年创作。新的广东省委大楼落成，伍启中应邀创作一幅画作，悬挂于新省委大楼贵宾厅。他决定以家乡小鸟天堂为主题创作一幅画作，于是再次创作了一幅题为《珠江水榕树情》的画作，这幅画一直悬挂在新省委大楼贵宾厅里。

2007 年 8 月，应中国文联邀请，伍启中参加了中国画家彩绘联合国大家庭画展的创作，并随中国艺术家代表赴瑞士、日内瓦联合国欧洲总部访问和展出。同年 10 月，应俄罗斯圣彼得堡美术家的邀请，伍启中随中国美术家代表团赴俄罗斯参加俄罗斯"中国年"的中国当代美术作品展的开幕和文化艺术交流。

（周怡敏）

卢国沾

香港流行音乐的词坛圣手

卢国沾(1948—),祖籍新会潮连卢家湾(今属江门市蓬江区潮连街道)。香港流行曲填词人。风格多样,文学造诣高,在乐坛备受推崇,有"词坛圣手"之誉。40余年来约写下3000首粤语流行曲的歌词,获"终身成就大奖""金针奖""杰出艺术贡献奖"。

卢国沾幼时，在潮连岛乡间由私塾老师卢湘父（康有为弟子）传授《三字经》《千字文》等传统启蒙经典。他八九岁时由祖母带到香港，在旺角居住，后毕业于香港中文大学。他常常回忆道："数十年前我以稚子无知之年，被安排离开我出生的家乡。当时江边送别的，是我妈妈。毕竟我当时年纪太小，还不知是离乡别井，所以连一句道别的话都没讲过。离乡以来，一直没有忘记乡间的一树一木、一砖一

卢国沾像

瓦。别后紧紧记住，与我母亲几年相处的每个片段小节。让这仅有的与生母一起共度的时光，永存我心。"

1968 年，他加入无线电视，为其官方刊物《香港电视》采访电视台幕前幕后人员及撰写电影介绍。

1975 年，无线电视剧集监制林德禄要为自己在《翡翠剧场》第一部剧集《巫山盟》找人写插曲，他找到卢国沾。卢国沾答应了，他将《田园春梦》的歌词修改了七次，竟然被收货了，就这样他走进了填词

界。处女作发表后，卢国沾陆陆续续地写了许多的词。经过三年不懈的努力，他终可以按照自己的构思与意愿，得心应手地填词。而且一填就是数十年，被香港娱乐界称之为"词坛圣手"。

1976年，他作词的《前程锦绣》，是他少有的充满乐观主义精神的作品。1977年，他与梁淑怡、刘天赐、林旭华等人跳槽至佳艺电视，出任推广总监，位列传媒所称的佳视六君子。佳视倒闭后，再转到丽的（即亚洲电视）。

1978年9月，卢国沾加入丽的电视。此后数年间，他与作曲家黎小田合作无间，奠定词坛地位的代表作多诞生于此。其中，包括获得第一届香港十大中文金曲颁奖音乐会"最佳中文（流行）歌词奖"的《找不着借口》，以独白式，表达二人感情拉扯的新颖手法，获词评人称赏。《每当变幻时》拿到了香港十大中文金曲颁奖第四名的好成绩，甚至超过了当年凭借电视剧而风头正盛的罗文的《小李飞刀》、郑少秋的《倚天屠龙记》等。同时，十大金曲里有四首歌，都是卢国沾所写，这是他创作最巅峰的时期。

1977年至1984年，他的著名作品包括《天龙诀》《大地恩情》《雪中情》《平凡亦快乐》《渔火闪闪》《人在旅途洒泪时》《万里长城永不倒》《变色龙》等。

1980年，香港丽的电视台开拍武侠剧《大侠霍元甲》，找卢国沾写剧集的主题曲之词。卢国沾写词时，在他心中已经寻觅到词的桥段，加上剧情的硬桥硬马，可以让创作歌曲更加唤醒中国人爱国、抵拒外侮的感情。于是他心中冒出火花，定下主题歌名《万里长城永不倒》。

1982年，丽的电视台决定筹拍《陈真》《霍东阁》两套剧集让中国人再次感奋霍元甲的爱国激情。这次，还是让卢国沾撰写《陈真》和《霍东阁》主题曲。卢国沾以中国人的激情，以"家"寓"国"，再延中国人的豪情。于是，《陈真》剧集主题曲的名称，就用了《大号是中华》，其词让人热血沸腾，仿佛身在其中。电视连续剧《霍东阁》就用了《好小子》作为主题曲的名称。

1983 年初，卢国沾因不满无线新管理层的作风而辞职，结束 15 年电视生涯。当年无线的电视剧《鬼咁够运》插曲《不舍也为爱》，歌词中写的既是剧中叶德娴所饰的歌星，走红多年后意欲淡出乐坛，流露出不舍之情，也是卢国沾寄寓自己告别电视圈的情怀。

2011 年，卢国沾先生获香港 CASH 作曲作词家颁发的"终身成就大奖"

1985 年，卢国沾与妻子创办"泰极""卢沾"等广告公司，涉猎出口贸易、广告、印刷包装、娱乐经纪。

1990 年的一个晚上，41 岁的卢国沾担任完歌唱比赛评判回家，突然昏倒浴室，血流满地。妻子赶紧电话叫救护车，把他送到医院。当时，卢国沾的呼吸一度停顿。卢国沾昏迷了四日四夜，未醒之前，病房电视播映《今生无悔》，闻声卢国沾慢慢睁开了眼睛。

虽然坐在轮椅上，但他决心克服身体的病痛，重新开始朝阳似的新生活。卢国沾不让自己闲下来，总是笑着，对人生苦短不以为然。他觉得自己应该把握时间，享受生命，贡献社会。病后两年，他坐着轮椅参加许多公益服务，成为艾滋病基金会委员、家计会公民教育会员等，积极推广宣传活动。

1992年，卢国沾再次发病，情况极为严重。他不仅要学走，连坐也要学。疗养院留医数月，冬节将至，医生建议卢国沾回家过节。而他的家在跑马地的慧景台，住一幢唐楼的五楼，没电梯。卢国沾却有勇气，决定自己上楼。当时，他只要求在楼梯转角位放一张椅子，让他半途休息。一步一步，他在楼梯上走了一个多小时，终于回到家。卢夫人打算搬家，方便卢国沾出入，但他不肯，坚持要借助上落楼梯强迫自己运动，好早日复原。此后，他们在唐楼多住了两年。后来，卢国沾还与作家容若，主持过香港电台第五台的历史节目《煮酒论英雄》。

卢国沾自1976年首度发表词作，已历四十春秋，约写下3000首粤语流行曲的歌词。其作词歌曲经谭咏麟、郑少秋、徐小明、张明敏、甄妮、梅艳芳、温兆伦、张学友、罗嘉良、徐小凤、张德兰等传唱，把香港影视歌曲，形成一把"燃烧的火"，让大陆的听众都沉迷歌中，多次获得《十大中文金曲》的奖项。

在香港CASH作曲家作词家协会颁发的"2001年度金帆奖"上，卢国沾获得"终身成就大奖"。

2014年，卢国沾将自己的创作随笔集结成册，付梓成书，涵括他

从 20 世纪 80 年代至 2014 年间的歌曲，也是他的影视和歌坛回忆录：《歌词的背后》。全书 94 篇，按时间先后顺序，是他恩怨情仇的随笔，也讲述了 100 首歌词的创作故事。

2015 年 1 月 9 日，香港电台将香港乐坛最高荣誉大奖"金针奖"颁发给卢国沾，承认这位带给香港流行乐坛的音乐大师。

2018 年 5 月 11 日晚，香港艺术发展局"2017 香港艺术发展奖"颁奖典礼在 TVB 将军澳电视城举行，颁发"杰出艺术贡献奖"予卢国沾，嘉许一代填词人为香港流行音乐做出的不朽贡献。

（曾阳漾）

卢毓琳

香港生物科技之父

卢毓琳（1948— ），祖籍潮连卢边村（今属江门市蓬江区潮连街道），出生于广州。香港特区政府食物及环境卫生咨询委员会主席、香港中华厂商联合会常务会董及教育委员会主席、香港生物医药创新协会会长、香港科技大学院士。卢毓琳参与创建香港生物科技委员会，是创会主席，致力推动香港生物科技工业的发展。他重视发展中医药产业，将中医药健康食品推向国际市场。他推动香港与内地生物科技交流，开创了香港内地生物科技合作的先河，被誉为"香港生物科技之父"。

卢毓琳 12 岁时移居香港，在纱厂半工读。他白天工作，满头满脸都是白纱，晚上就在货仓里老鼠的陪伴下读书，深夜人鼠同眠。一开始，因为他只会讲广东话，不会英语，成绩很差。他不甘就此过一生，经过一番挣扎和刻苦的努力，成绩好了起来，毕业于香港一所中文中学。

1969 年，卢毓琳与家人一起移民加拿大，在安大略省滑铁卢大学修读化学。他语言不通，有时连基本生活

卢毓琳像

都难以保障，还要冒着随时被遣返的风险。为了完成学业，卢毓琳不得不和同学们千方百计打工赚钱。那时，为了挣生活费，他和同学经常到高尔夫球场捉蚯蚓卖钱。一开始，他站在球场上，根本找不到一条蚯蚓。后来，别人告诉他，蚯蚓并不难捉，但要耐心，还要善于发现，人一定要趴在地上，聚精会神地一点一点寻找，才会有所收获。卢毓琳的悟性惊人，不仅学到了捉蚯蚓的方法，更能举一反三领悟其中的哲理。从那以后，"蚯蚓理论"极大地影响了卢毓琳，使他终身受益匪浅，不仅在事业上始终保持细心、耐心和决心，也能够下马观花、

深入调研。

卢毓琳大学毕业后，在加拿大剑桥纪念医院工作，担任该院实验室学员，两年后任临床化学主任。近十年的临床实践生涯，为卢毓琳从事生物科技发展打下了良好基础。此时，美国伯乐公司实验室邀请他加盟。他考虑，这家公司的主要业务是向实验室及医院提供生物材料和仪器，市场前景广阔。他看准生物科技市场良好的前景，于是他抓住了这个机会，以破釜沉舟的决心加入了该公司，努力地学习和工作。

1983年，卢毓琳凭借勤奋的工作和对市场的准确把握，晋升为加拿大"伯乐"全国市场策划销售经理。当时生物科技在欧美发展迅速，但在亚洲仍然处于艰难的起步阶段。卢毓琳不在乎国外好的条件，一直想找机会回香港。那个时候许多香港人都想出国，是香港人移民最多的时候，连家里人都不理解他的想法。卢毓琳一直觉得中国是他的根、香港才是他的家，只有家里才有他的位置。他认为在人心惶惶的时候，在人们都认为没有机会的时候，正是最大发展的好时机。

两年后，他成功地说服了公司的高层，开始在亚太地区开展业务。1986年，他出任伯乐亚太地区总经理，并在香港成立伯乐在亚太地区的第一个办事处。随后，他继续在亚太地区多个城市设立办事处，为区域生物科技发展奠定了基础。1992年，他正式担任美国伯乐太平洋有限公司总裁，主理该公司在亚太地区的业务。

而后，他被老牌分析仪器公司——美国珀金埃尔默有限公司聘任为亚太区总裁。卢毓琳的办公室里，挂着"明理舫"三个大字。他给自己两个儿子分别取名为"天明""天理"。卢毓琳深谙成功的秘诀，亦参透做人的道理，他所信奉的就是：每天进步一点点。"成功的定义有很多，别人怎么说不重要，关键要忠于自己的价值观。"他说，"人生谁没有梦想？没有梦想，就不能变为现实；有了梦想，需要勤奋努力才能变为现实。人生有梦想和动力，才会有活力和精神。"卢毓琳是这么说的，也是这么做的，他的梦想是振兴中华科技与教育事业，并以"促进科研服务于人类"为己任。

20世纪80年代的香港，几乎没有人听说过"生物科技"这个词，但如今，它在香港不仅家喻户晓，而且成为一种很重要的产业。在这个过程中，卢毓琳起了重要的作用。也正是由于这个原因，他被人们誉为"香港生物科技之父"。

1995年，卢毓琳参与创建香港生物科技委员会，是创会主席。该会是顾问性质的机构，其中有近20名委员他们分别来自生物科技界、学术界、政府有关部门及与生物科技相关的专业技术行业。他们的主要工作是集思广益，及时向特区政府提供发展生物科技的政策性意见，同时每年亦就有关"工业支援资助计划"的申请，向特区政府工业署提供意见，以支持一些有助于本港工业或科技整体发展的生物科技研究项目。这家社会团体的前身是香港政府技术委员会辖下的一个分会。它能从一个分会升格为独立的委员会，说明香港政府和社会各界对生物科技的认知和重视。从1995年开始，香港政府平均每年投入7000万港元，支持本地生物科技工业的发展。

同时，卢毓琳意识到中医将成为未来医学发展的一大趋势，必须抓住契机发展中医药产业，探索推动中医药产业的现代化、规范化和国际认可的方法，以及中药在临床检验和疫苗生产方面的应用。"发展中药是我们华人的优势。如果外国人从我们手中将先人留下来的法宝抢了去，有了新的开发研究，走在了我们前面，我们将愧对江东父老。"卢毓琳与香港创新科技署合作首推中医药学的"十年计划"，将传统中药推至"第一药"的位置。并鼓励香港浸会大学开展中医药教学，既注重中医药国际市场的推广，又紧抓中国传统文化的传承和发扬。

他提出将一些市场上有售的中医药健康食品现代化，比如天津丹心、上海银杏等产品，要尽快改变旧的包装面孔，推向国际市场，让外国、特别是美国的医学、卫生权威机构认同，使产品获得认可证书。在此基础上，再从中药的临床检验、疫苗生产等方面下功夫，开发研究一些创新开发的药品，将会在国际市场上前景广阔。卢毓琳认为，只要经过一系列的努力，就能使中医药品及中医药健康食品，成为具有高科技附加值、拥有专利版权、有市场推动的优质产品。他坚信生物科技与他其他产业不同，收益不可能立竿见影，必须付出加倍的努力和心血，积极普及。

卢毓琳的梦想是在亚洲发展生物科技，希望这项新技术能在祖国的土壤上茁壮成长。他认为，香港社会发展到了今天，大多数人已经吃穿不愁，人们更关心的是如何进一步提高生活素质，使自己的身体更加健康。内地民众也随着生活水平的提高，有了同样的追求。此时此刻，正是推动生物科技发展的大好时机。于是，他积极牵线搭桥，在两岸三地穿梭奔忙，推动香港与内地生物科技交流。

1994年，卢毓琳倡导并组织了香港科技精英及政府高管，赴内地拜访了时任国家科委主任宋健、科协主席周光召、中科院院长路甬祥和卫生部陈敏章部长等国家科技领导，相互交流经验，商谈合作项目与意愿。继而，在上海也获中科院之各大所长招待并进行交流。他开创了香港内地生物科技合作的先河。

卢毓琳认为，香港要想在中药现代化上有所发展，就要和内地紧紧地结合在一起，将各自优势互补。香港又和世界保持同步，这样才能逐渐使内地与国际接轨。1996年，他从香港带领一个大规模考察团，前往四川省进行考察与交流，促进合作成功。此行，受到了时任四川省省长张中伟及多位副省长、市长的欢迎与接见，双方进行了实质性项目洽谈，针对性较强的项目一拍即合。在"川港联手发展现代化中药产业"的签字仪式上，共有 22 家香港企业签字合作，并落实了在四川省建立企业。从而，开创了首次川港两地科技、中药交流与合作的新篇章。

1996 年，香港回归前夕，卢毓琳为中科院的科学家提供驻港办公室，进一步加强与内地各部门的交流，并亲自倡导了中港政府部门共同携手规划白皮书 *BioFocus Study*。他与时任中方主席的科技部副部长惠永正共同领导整个团队，就如何深层次开展中港之间生物医学、中药现代化等方面的合作，进行调研，顺利完成了第一份指导性报告。这份报告至今仍被奉为中港科技合作之重要参考的里程碑，为以后各项合作起到了重要的指导作用。

卢毓琳年轻时就有了为科教兴国干实事的梦想，十分热爱中港两地之科技教育，一直致力于中港科技与高教互补。他在香港和内地多所学术机构担任职务，担任香港中文大学兼职教授，香港科技大学特别顾问，香港浸会大学咨询委员会成员和中医药学顾问。受聘为内地多所大学的荣誉教授，进行教学指导和研发。他以各大专科学院和香港中文大学生物技术培育中心为平台，大力促进良好作业规范在大学及业界的推广。同时，他密切关注业界动态，抓住一切机会，提升香港在科技研究方面的国际地位。2003 年，卢毓琳曾为香港大学向美国卫生研究院争取到 7200 万港元的经费，用于进行国际人类基因组织"Hap Map"项目其中 2.5% 的研究项目，将香港推到了国际生物研究的最前沿。

他参与了中科院在香港建立的六大重点实验室与香港各大学院校

合作的研究工作。他积极推行香港与内地大学生实习计划，促成香港六所大学的优秀学生前往内地实习工作，并积极帮助中国内地的大学生及香港企业设于内地的工厂员工前往香港实习和培训。因此，卢毓琳荣获香港科技大学第一个荣誉院士荣衔。同时，他努力推动深圳市政府、北京大学与香港科技大学合作，在深圳开设了北京大学香港科技大学医学中心，为两地高层次医学人才的培养和交流开辟基地。卢毓琳认为教育不仅是简单的知识传授，更是一个地区着眼未来、投资未来的关键。因此，他常年活跃于各类教育机构，倾力培养生物科技人才。

卢毓琳长期热心公益。近年来，他与公益机构四处募集资金，用于资助内地艾滋病患者遗孤的教育，帮助他们接受小学至大学毕业的正规教育。该项目每年至少要投入 3000 多万港元，目前已汇集超过 1 万名艾滋病遗孤，其中有超过 1000 人已顺利毕业并步入社会。

他看到，中国在提倡独生子女的政策下，新生儿之健康成为一个重要课题。2006 年，他成功说服珀金埃尔默公司与中国卫生部合作，并向 7 个省份之卫生企业捐出价值 50 万美元的仪器，为防治新生儿传染病做出贡献。

此外对于故乡江门，卢毓琳也饱含深情。2012 年，回到家乡考察的他了解到，作为江门市文物保护单位的清朝古建筑群名宦家庙，因为各种因素导致即将坍塌。由于不忍此宝贵的历史遗迹就此损毁，他当即向当地人民政府提议成立修复筹备委员会，联系广州大学古建筑研究所设计修复方案，并号召内地与香港的同乡积极捐款，募集修复工程所需的资金，保护家乡的历史文物。经过他的努力，名宦家庙得到了及时的维修，至今依然完整的屹立在潮连岛上。

卢毓琳获奖无数，2007 年获得"中华十大财智人物"称号，2008

年获得"世界杰出华人奖"。他认为："人的创新取决于思维，人的力量来自意志，人的成功需要智慧加实干。"经过多年的奋斗，香港在生物科技方面已经取得了令世界瞩目的成绩。卢毓琳回看自己的成就，说："唯一的因素是要有极大的热忱。我有促进中国科技发展的热忱，我对亚洲的生物科技充满热忱，而我更对在中国和亚洲乃至全球发展生物技术充满热忱。"

（周怡敏）

后 记

从行政建置的兴革、行政机关驻地的迁移、隶属关系的变更、辖区范围的伸缩等人文地理现象来看，蓬江区文化历史悠久，文化底蕴深厚，人杰地灵，同时海内外华侨众多，是名副其实的侨乡。

当人们读到某个地方的历史时，首先谈到的必定是这个地方的人，所谓某个地方的历史，实际就是这个地方的人的历史。人以地为基础，地因人而灵动。人作为社会的主体，创造了社会历史和文化。因此说，我们要研究蓬江历史，开发利用历史人文资源，首要的是要研究蓬江历史人物，包括人的语言、人的思想、人的行为、人际关系、民间风俗等各方面，先人留下的足迹便是历史，其语言、思想、行为……便构成了文化。故此，要研究蓬江地方的历史文化，当以研究蓬江区这个地方的人物为发端。

在蓬江这个神奇的土地上，诞生了陈献章、区越、胡方等先贤圣哲，也诞生了黄公辅、谭学衡、吴汝鎏、李少石等一批时代俊杰，还涌现出了陈垣、陈灏珠、黄本立、戴爱莲等一大批共和国精英人物。我们为这方土地上拥有如此众多的先贤、俊杰、精英而骄傲，更为生长在这方土地上而自豪。

遗憾的是，历史人物的资料大多散见于地方志、家谱等，一直没有形成全面系统的人物略述专辑。为了整合区域内特色人文资源，助力我区乡村振兴建设，弘扬红色文化，进一步加快文旅产业发展。区文联组织部分文学艺术爱好者，立足我区历史从政治、军界、商界、科技、文化教育等各个领域 1000 多位人物中撷取具有代表性的杰出人物，进行整理、总结纂写略述他们一生中的主要光辉事绩，编印成一本《蓬江名人略述》。本书以人设篇，包括生平事略、业绩贡献和成就评价等内容。

编印《蓬江名人略述》，有利于探索蓬江历史上政治、经济、文化等方面的发展脉络、服从和服务于当前的社会政治、经济、文化建设，以期达到"存史、资政、团结、育人"和"见贤思齐""以史为鉴"的目的。

本书所录的人物，如同历史长河中的一朵朵浪花，尽管有的已远去，但他们都为蓬江历史增添了色彩，显现了蓬江区丰厚的历史底蕴。

编纂此书开始，因为人物取舍问题，我们广泛征求大家意见，力求做到：一是具有人文精神，二是体现家国情怀，三是凸显红色印记。也就是说选取的人物须是正面的、具有正能量的人，提炼其精神，用他们的精神凝聚我们爱国爱家情怀，鼓励我们在各行各业中奋发向上，勇于担当，为我区政治、经济、精神文明和法治建设服务。为此，我们召开了多次编纂工作会议，对人物的收录范围和人物事迹进行解说、对比、评议筛选工作。

我们主要依据搜集到的历年各种版本人物传记辞典、谱牒、志书等。

本书的人物收录范围是：

一、籍贯为蓬江，其部分或全部经历在蓬江者；

二、籍贯为蓬江，其部分或全部经历在外地者；

三、籍贯虽不属蓬江，但其部分或全部经历在蓬江者；

四、籍贯虽不属蓬江，但出生在蓬江，其部分或全部经历在外地者。

以上述四条为前提，收录的人物在某方面、某领域具有代表性或具有某种突出特色和具有一定知名度的人物。

为了做好本书的编纂工作，我们尽了最大努力，全体恪尽职守，兢兢业业，但限于时间和水平，错漏之处难免，敬请大家批评指正。

《蓬江名人略述》编委会